中国南方电网

CHINA SOUTHERN POWER GRID

U0743247

中国南方电网可再生能源发展报告

（2019年）

南方电网能源发展研究院有限责任公司　编著

中国电力出版社

CHINA ELECTRIC POWER PRESS

内 容 提 要

　　《中国南方电网可再生能源发展报告（2019年）》是南网能源院年度报告系列之一，主要分析了南方五省区可再生能源资源潜力，总结了过去一段时期内南方电网可再生能源的发展规模、消纳贡献、技术发展、成本和电价、发展政策等情况，探讨了未来发展的趋势，并围绕业界关心的清洁能源消纳、大规模海上风电并网等热点问题进行剖析，力求为业内及关心可再生能源发展的专家学者提供参考。

　　本报告适合能源电力行业尤其是电网及发电企业从业者、国家相关政策制定者、科研工作者参考使用。

图书在版编目（CIP）数据

中国南方电网可再生能源发展报告 . 2019 年/南方电网能源发展研究院有限责任公司编著 . —北京：中国电力出版社，2019.11

　ISBN 978 - 7 - 5198 - 3296 - 4

　Ⅰ.①中…　Ⅱ.①南…　Ⅲ.①再生能源－能源发展－研究报告－中国－2019　Ⅳ.①F426.2

中国版本图书馆 CIP 数据核字（2019）第 274333 号

出版发行：中国电力出版社
地　　　址：北京市东城区北京站西街 19 号（邮政编码 100005）
网　　　址：http：//www.cepp.sgcc.com.cn
责任编辑：岳　璐（010-63412339）
责任校对：黄　蓓　于　维
装帧设计：张俊霞
责任印制：石　雷

印　　　刷：北京瑞禾彩色印刷有限公司
版　　　次：2019 年 12 月第一版
印　　　次：2019 年 12 月北京第一次印刷
开　　　本：787 毫米×1092 毫米　16 开本
印　　　张：7
字　　　数：95 千字
印　　　数：0001—1000 册
定　　　价：52.00 元

习近平总书记提出"四个革命、一个合作"能源安全新战略，要求构建清洁低碳、安全高效的现代能源体系，为新时代我国能源发展指明了方向。长期以来，南方电网公司积极践行绿色发展理念，结合区域能源资源禀赋条件，大力支持水电、风电、光伏发电、生物质发电等可再生能源发展，可再生能源已经成为南方五省区能源电力供应的重要支撑。

为系统、全面、客观地反映南方五省区可再生能源发展情况，从 2019 年开始，南方电网能源发展研究院有限责任公司编制《中国南方电网可再生能源发展报告》，为业内及关心可再生能源发展的专家学者提供参考。

《中国南方电网可再生能源发展报告（2019 年）》从资源潜力、开发规模、消纳贡献、技术发展、成本和电价、发展政策、存在问题及发展展望等多个方面，总结了过去一段时期内南方电网可再生能源发展状况，探讨未来发展的趋势；同时，立足区域可再生能源资源特点与发展实际，选取了清洁能源消纳、广东大规模海上风电并网影响等热点问题进行了深入研究。

本报告在编写过程中，得到了南方电网公司战略规划部、计划与财务部、系统运行部等部门的悉心指导，广东省电力设计研究院共同参与了报告的编制，在此表示最诚挚的谢意！

鉴于水平有限，报告难免有疏漏及不足之处，敬请批评指正！

编 者

2019 年 10 月

目　录
CONTENTS

第 1 章

可再生能源发展总体情况

1.1 全球可再生能源发展情况

1.1.1 资源开发潜力[①]

全球可再生能源资源丰富。全球水能资源理论蕴藏量约 39 万亿 kW·h/年，主要分布在亚洲、南美洲、北美洲等地区，技术可开发量约 16 万亿 kW·h/年，占理论蕴藏量的 41%；风能资源理论蕴藏量约 2000 万亿 kW·h/年，主要分布在南北纬度较高地区；光伏年辐射到地球表面的能量约 116 万亿 t 标准煤，主要集中在赤道一带地区；生物质能理论生产潜力每年为 376 亿～512 亿 t 标准煤，较为现实的生产潜力可达到 68 亿～170 亿 t 标准煤；地热能可采储量约相当于 50 亿 t 标准煤；海洋能理论可开发量 766 亿 kW，技术可开发量 64 亿 kW。

1.1.2 开发建设和运行消纳[②]

全球可再生能源装机稳步增长。2018 年，全球可再生能源发电新增装机容量 1.75 亿 kW，其中水电新增装机容量 2150 万 kW，风电新增装机容量 4890 万 kW，光伏发电新增装机容量 9780 万 kW，其他可再生能源新增装机容量 670 万 kW，风电、光伏发电新增装机容量占比接近 84%。2018 年底，全球可再生能源发电总装机容量 24.77 亿 kW，同比增长 7.6%，其中水电装机容量 12.95 亿 kW，风电装机容量 5.64 亿 kW，光伏发电装机容量 4.86 亿 kW，其他可再生能源装机容量 1.32 亿 kW。全球可再生能源装机容量及增速如图 1-1 所示。

可再生能源发电量创新高。2018 年，全球可再生能源发电量 6.67 万亿 kW·h，

[①] 数据来源：刘振亚，全球能源互联网。

[②] 数据来源：IRENA，Renewable Capacity Statistics 2019。

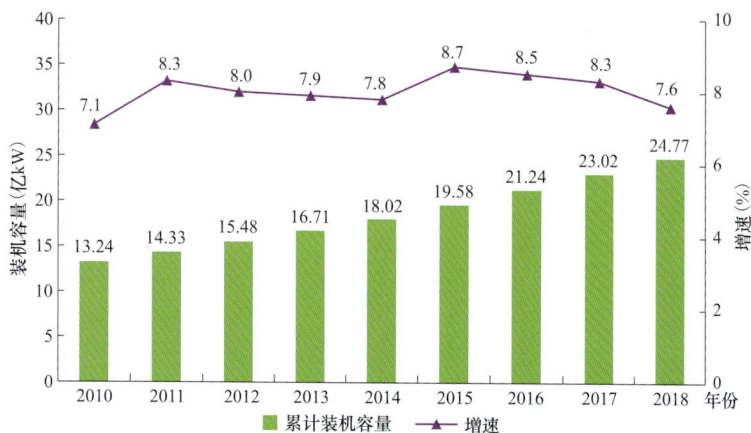

图 1-1　全球可再生能源装机容量及增速

同比增长 5.8%，全球可再生能源发电量及增速如图 1-2 所示。其中水电发电量 4.20 万亿 kW·h，与 2017 年基本持平，占比 62.8%；风电发电量 1.27 万亿 kW·h，同比增长 12.0%，占比 19.0%；光伏发电量 0.59 万亿 kW·h，同比增长 33.7%，占比 8.8%；其他可再生能源发电量 0.63 万亿 kW·h，同比增长 7.4%，占比 9.4%。2018 年全球分种类可再生能源发电量占比如图 1-3 所示。

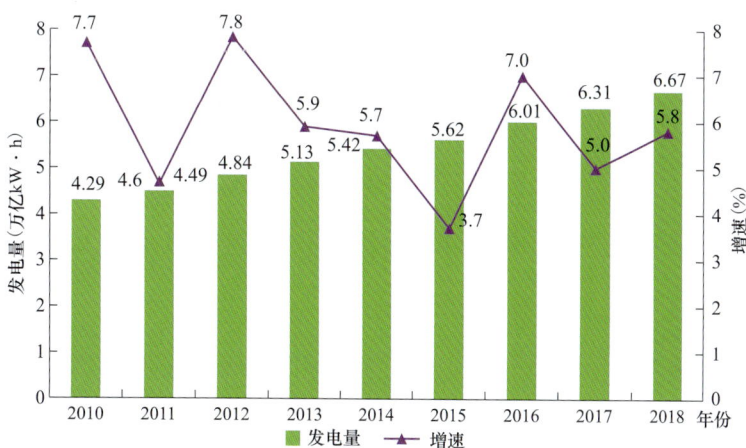

图 1-2　全球可再生能源发电量及增速

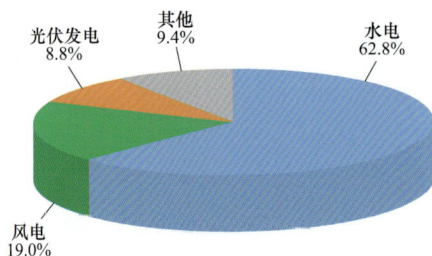

图 1-3　2018 年全球分种类可再生能源发电量占比图

1.2　我国可再生能源发展情况

1.2.1　资源开发潜力

我国可再生能源资源丰富，水能、风能、太阳能和生物质能的开发利用空间大。

我国水力资源技术可开发量 6.87 亿 kW❶，居世界第一位，但资源分布不均衡，西部丰富，中、东部相对较少。西南地区（四川、云南及西藏三省区）技术可开发量约占全国的 70%。

我国风资源分布广泛，陆上 70、80、90m 高度的风能资源技术可开发量分别约 26 亿、35 亿 kW 和 63 亿 kW❷，近海水深 5～25m 范围内风能资源潜在技术开发量约 2 亿 kW，水深 25～50m 范围内风能资源潜在技术开发量超过 3 亿 kW。随着风力发电技术的不断进步，可利用风力向高度延伸，风电资源可利用总量还有很大发展潜力。

我国太阳能资源十分丰富，光伏发电开发潜力巨大。光伏的利用主要考虑两个增长点：一是建筑物的屋顶，可支撑建筑光伏装机容量 3～6 亿 kW；二是

---

❶　数据来源：水电水利规划设计总院，中国可再生能源发展报告 2018。
❷　数据来源：国家可再生能源中心，可再生能源数据手册。

闲置的荒漠荒地，可利用资源潜力可达 27 亿 kW。

我国生物质资源丰富，能源化利用潜力大，可作为能源利用的农作物秸秆及农产品加工剩余物、林业剩余物和能源作物、生活垃圾与有机废弃物等生物质资源总量每年约 4.6 亿 t 标准煤❶。

1.2.2 开发建设❷

可再生能源装机规模快速扩大，能源结构不断优化。2018 年底，我国可再生能源装机规模 7.29 亿 kW，同比增长 12%，占总装机比重从 2010 年的 26.0% 提升到 38.4%。我国可再生能源发电装机情况见表 1-1，2018 年我国电源装机结构如图 1-4 所示。

表 1-1 　　　　　　　　我国可再生能源发电装机情况 　　　　　　单位：万 kW

项 目 名 称	2010 年	2015 年	2016 年	2017 年	2018 年
1. 电源总装机	**96 219**	**150 673**	**164 575**	**177 703**	**189 967**
2. 可再生能源发电装机容量	**28 471**	**50 046**	**57 042**	**64 988**	**72 897**
（1）水电	21 340	31 937	33 211	34 119	35 226
（2）风电	3107	12 830	14 864	16 367	18 426
（3）光伏发电	26	4158	7742	13 025	17 463
（4）生物质发电	550	1120	1225	1476	1781
3. 可再生能源发电装机占比	**26.0%**	**33.2%**	**34.7%**	**36.6%**	**38.4%**
（1）水电	22.2%	21.2%	20.2%	19.2%	18.5%
（2）风电	3.2%	8.5%	9.0%	9.2%	9.7%
（3）光伏发电	0%	2.8%	4.7%	7.3%	9.2%
（4）生物质	0.6%	0.7%	0.7%	0.8%	0.9%

水电装机平稳增长但占比下降，风电光伏成为新增电源主力。2018 年底，我国水电装机规模 3.52 亿 kW，同比增长 3.2%，占比由 2010 年的 22.2% 下降

---

❶ 数据来源：国家能源局。
❷ 数据来源：中国电力企业联合会，全国电力工业统计快报。

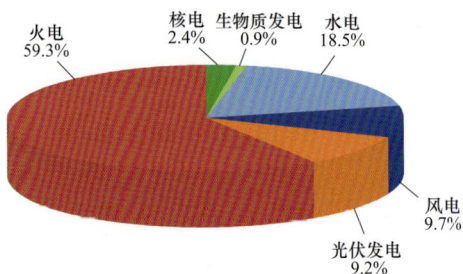

图1-4 2018年我国电源装机结构图

至18.5%。风电光伏装机规模合计3.59亿kW，占比由2010年的3.2%提升至2018年的18.9%，新增规模占所有新增电源的55.8%。

水电装机集中分布在西南（四川、重庆、云南、贵州、西藏）和华中（河南、湖北、湖南）地区。2018年底，西南和华中地区水电装机规模合计2.33亿kW，占全国水电装机比重从2010年的57.3%提升至66.1%。近几年新增水电装机主要集中在西南地区，占总新增水电装机比重的55%～85%。我国水电装机情况见表1-2。

表1-2　　　　　　　　　　我国水电装机情况　　　　　　　　单位：万kW

项　目　名　称	2010年	2015年	2016年	2017年	2018年
1. 全国水电总装机	**21 340**	**31 937**	**33 211**	**34 119**	**35 226**
其中：西南	7468	15 574	16 274	16 913	17 615
华中	4760	5585	5615	5641	5674
2. 装机占比					
其中：西南	35.0%	48.8%	49.0%	49.6%	50.0%
华中	22.3%	17.5%	16.9%	16.5%	16.1%
3. 全国水电新增装机	**1660**	**1754**	**1274**	**908**	**1107**
其中：西南	846	1478	700	639	702
华中	318	53	30	26	33
4. 新增水电装机占比					
其中：西南	51.0%	84.3%	55.0%	70.4%	63.4%
华中	19.1%	3.0%	2.3%	2.8%	3.0%

风电光伏布局持续优化。2018年底，"三北"地区（西北、华北、东北）

风电光伏发电装机规模合计 2.05 亿 kW，占全国风电光伏发电装机规模比重从 2010 年的 82.3%下降至 57.0%；东中部（不含山西、北京、天津、河北）风电光伏总规模 1.27 亿 kW，占比从 2010 年的 16.5%提高至 35.4%。我国风光装机分布如图 1-5 所示。

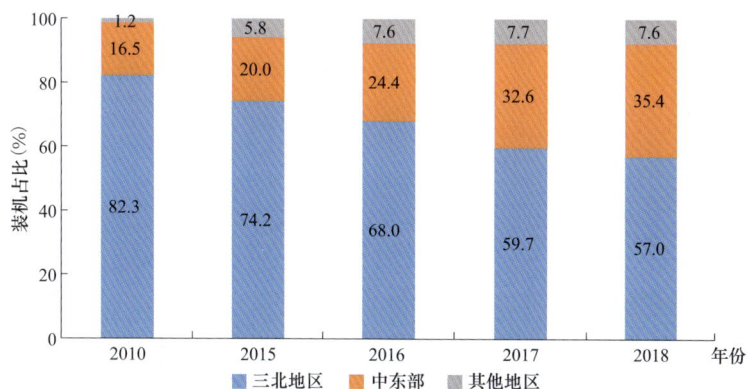

图 1-5 我国风光装机分布

1.2.3 运行消纳[1]

可再生能源发电量持续增大，风电光伏发电量增长迅猛。2018 年，我国可再生能源发电量 18 670 亿 kW·h，同比增长 10.0%，可再生能源发电量占总发电量比重从 2010 年的 18.0%提升到 26.7%；风电光伏发电量合计 5435 亿 kW·h，同比增长 28.2%，占总发电量比重从 2010 年的 1.2%提升至 7.8%。我国可再生能源发电量情况见表 1-3，2018 年我国电源发电量结构如图 1-6 所示。

表 1-3　　　　　　我国可再生能源发电量情况　　　　　单位：亿 kW·h

项 目 名 称	2010 年	2015 年	2016 年	2017 年	2018 年
1. 电源总发电量	42 280	56 045	59 897	64 179	69 940
2. 可再生能源发电量	7613	13 896	15 512	16 978	18 670
（1）水电	6863	11 143	11 807	11 945	12 329

---

[1] 数据来源：中国电力企业联合会，全国电力工业统计快报。

续表

项　目　名　称	2010年	2015年	2016年	2017年	2018年
（2）风电	501	1851	2410	3057	3660
（3）光伏	1	383	662	1182	1775
（4）生物质	248	519	634	795	906
3. 可再生能源发电量占比	**18.0%**	**24.8%**	**25.9%**	**26.5%**	**26.7%**
（1）水电	16.2%	19.9%	19.7%	18.6%	17.6%
（2）风电	1.2%	3.3%	4.0%	4.8%	5.2%
（3）光伏	0%	0.7%	1.1%	1.8%	2.5%
（4）生物质	0.6%	0.9%	1.1%	1.2%	1.3%

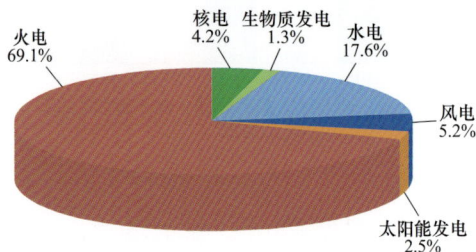

图1-6　2018年我国电源发电量结构图

2018年，我国水电发电设备平均利用小时数3613h，与2017年基本持平；风电发电设备平均利用小时数2095h，增加147h，有16个省（市、区）风电设备平均利用小时数超过2000h；光伏发电设备平均利用小时数1212h，与上一年基本持平；生物质发电设备平均利用小时数5444h，同比2017年下降243h。我国可再生能源发电设备平均利用小时数如图1-7所示。

可再生能源消纳成效显著，水能利用率维持在较高水平，弃风弃光率实现双降。2018年，全国理论弃水电量691亿kW·h，平均水能利用率达到95%左右，弃水主要发生在四川和云南。全国理论弃风电量277亿kW·h，同比减少142亿kW·h，理论弃风率7.0%，同比下降5个百分点，弃风主要集中在"三北"地区的新疆、甘肃、蒙西、河北、吉林等地区。全国理论弃光电量55亿kW·h，同比减少18亿kW·h，理论弃光率3.0%，同比下降2.8个百分

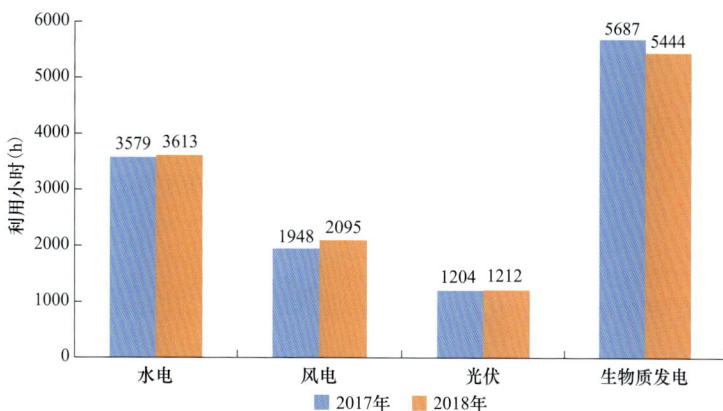

图 1-7　2017—2018 年我国可再生能源发电设备平均利用小时数

点，弃光主要集中在西北的新疆、甘肃、青海、宁夏、陕西等地区。2017—2018 年我国理论弃水、弃风、弃光情况见表 1-4。

表 1-4　　　　2017—2018 年我国理论弃水、弃风、弃光情况　　单位：亿 kW·h

指标	2017 年	2018 年	同比
1. 弃电量			
（1）弃水量	515	691	＋176
（2）弃风量	419	277	－142
（3）弃光量	73	55	－18
2. 弃电率			
（1）弃水率	4.1%	5.3%	＋1.2%
（2）弃风率	12.0%	7.0%	－5.0%
（3）弃光率	5.8%	3.0%	－2.8%

1.3　南方五省区可再生能源发展情况

1.3.1　资源开发潜力

南方区域水资源技术可开发装机容量约 1.7 亿 kW，占全国的 25%。区域水资源主要分布在云南、贵州和广西三省区，其中贵州和广西水电已深度开发，后续水电开发主要集中在云南金沙江、澜沧江和怒江等三大流域干流。除常规水电外，南方区域还具备建设约 6900 万 kW 抽水蓄能的条件。

陆上风能资源禀赋一般，各省区均属于第Ⅳ类风能资源区，80m 高度陆上风能资源技术可开发量约 9400 万 kW；海上风能资源较为丰富，技术可开发量约 8000 万 kW。

太阳能资源除云南属于Ⅱ类太阳能资源区外，其他省区均属于Ⅲ类资源区，可支撑装机规模合计约 9200 万 kW。

生物质资源较为丰富，可利用的生物质资源折标煤量超过 5000 万 t。

1.3.2 开发建设

可再生能源装机规模稳步上升。2018 年底，南方五省区可再生能源发电装机容量 15 647 万 kW，同比增长 8.6%，占全国比重的 21.5%；2018 年新增可再生能源发电装机容量 1240 万 kW，占所有新增电源的 64.6%。南方五省区可再生能源发电装机容量及增速情况见表 1-5，图 1-8。

表 1-5　　　　　南方五省区可再生能源发电装机情况　　　　单位：万 kW

项 目 名 称	2010 年	2015 年	2016 年	2017 年	2018 年
1. 五省区可再生能源总装机容量	6962	12 532	13 372	14 407	15 647
（1）广东	1343	1736	1880	2267	2625
（2）广西	1497	1721	1779	1950	2052
（3）云南	2480	6525	7045	7356	7845
（4）贵州	1540	2393	2508	2635	2797
（5）海南	102	157	160	199	327
2. 占全国比重	27.8%	25.0%	23.4%	22.2%	21.5%
（1）广东	5.4%	3.5%	3.3%	3.5%	3.6%
（2）广西	6.0%	3.4%	3.1%	3.0%	2.8%
（3）云南	9.9%	13.0%	12.4%	11.3%	10.8%
（4）贵州	6.2%	4.8%	4.4%	4.1%	3.8%
（5）海南	0.4%	0.3%	0.3%	0.3%	0.4%

图 1-8　南方五省区可再生能源装机容量及增速

水电装机占比高。2018 年底，南方五省区可再生能源发电装机占总电源装机的 47.8%，其中水电占总电源的 37.5%，占全部可再生能源发电装机的 78.4%。南方五省区电源装机结构如图 1-9 所示。

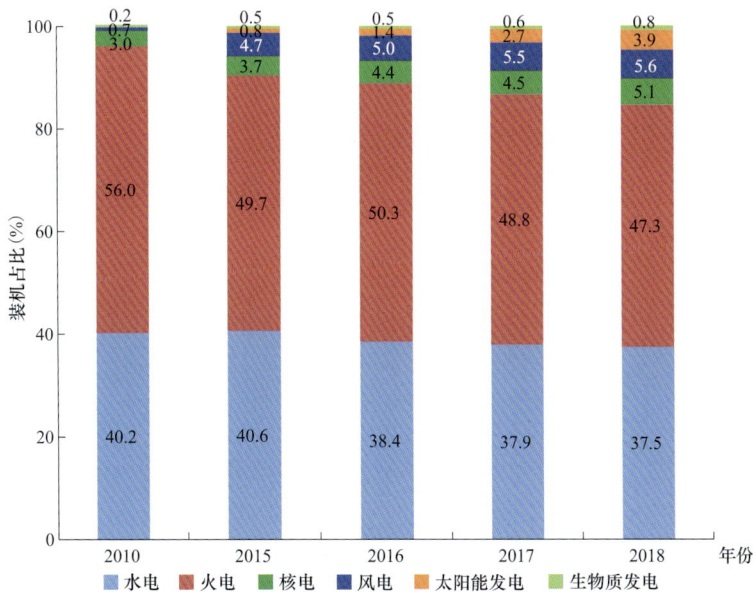

图 1-9　南方五省区电源装机结构图

多省区可再生能源装机占比超过全国平均水平。云南可再生能源发电装机容量占比 84.0%，在全国处于领先水平；贵州、广西可再生能源发电装机容量占比分别达到 46.3％、45.5％，超过全国平均水平。2018 年南方五省区可再生能源发电装机占比如图 1－10 所示。

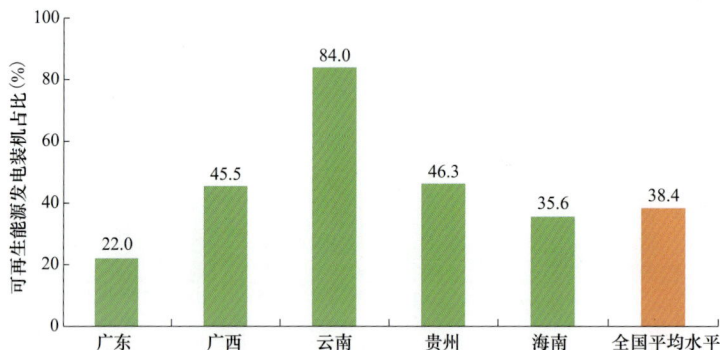

图 1－10　2018 年南方五省区可再生能源发电装机占比

1.3.3　运行消纳

可再生能源发电量不断增加，占比趋于平稳，非水可再生能源发电占比逐步提升。2018 年，我国南方五省区可再生能源发电量 5015 亿 kW·h，较 2017 年增加 336 亿 kW·h，占总发电量的 42.2％，与 2017 年基本持平。其中，非水可再生能源发电量 617 亿 kW·h，占总发电量的 5.2％，比 2010 年提高 4.7 个百分点。南方五省区可再生能源、非水可再生能源发电量及占比分别如图 1－11 和图 1－12 所示。

图 1－11　南方五省区可再生能源发电量及占比

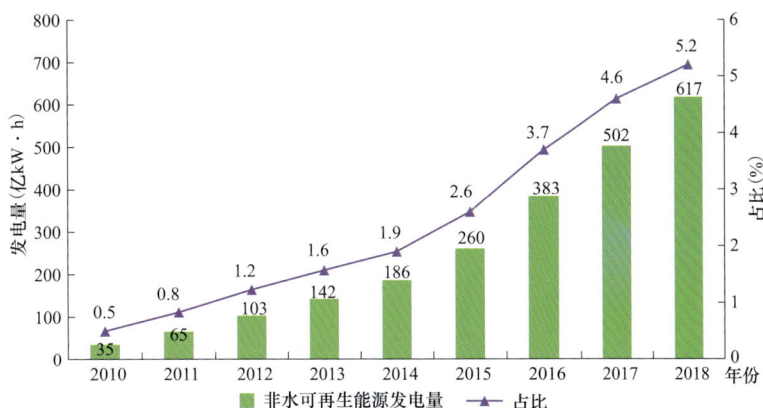

图 1-12　南方五省区非水可再生能源发电量及占比

广东、云南、贵州、海南可再生能源电力消纳指标完成国家规定目标，南方区域整体消纳比重世界领先。计及三峡送广东水电，2018 年我国南方五省区可再生能源电力实际消纳量 5159 亿 kW•h，占全社会用电量比重的 44.4%，超出我国平均水平（26.5%）和全球平均水平（27.0%）17 个百分点，高于欧盟（32.3%）、美国（17.7%）、印度（16.7%）等国家和地区❶。2018 年我国南方五省区可再生能源电力消纳情况见表 1-6，世界主要能源消费地区可再生能源电力消纳比重情况如图 1-13 所示。

表 1-6　　　　2018 年我国南方五省区可再生能源电力消纳情况

省区	可再生能源电力消纳量（亿 kW•h）	可再生能源电力消纳比重（%）	2018 年最低消纳责任权重（%）	完成情况
广东	2079.5	32.9	31.0	+1.9%
广西	783.3	46.0	51.0	-5.0%
云南	1399.7	83.4	80.0	+3.4%
贵州	537.2	36.2	33.5	+2.7%
海南	44.3	13.6	11.0	+2.6%

五省区非水可再生能源电力消纳比重偏低。2018 年，我国南方五省区非水电可再生能源电力消纳量 617 亿 kW•h，占全社会用电量比重的 5.3%，同比上

---

❶　数据来源：IRENA，Renewable Capacity Statistics 2019。

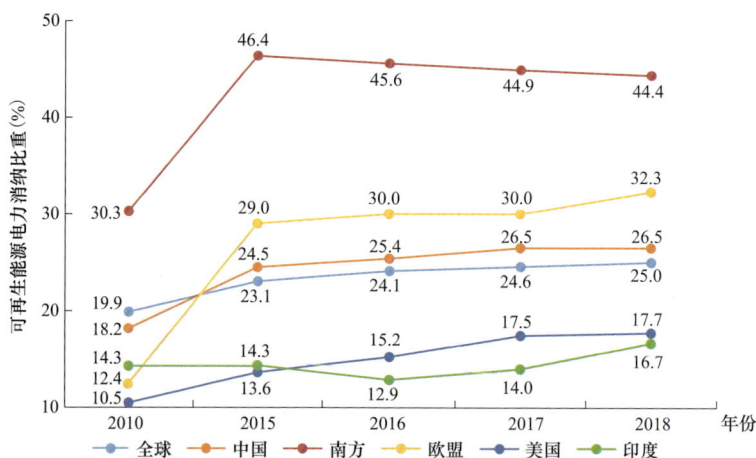

图 1-13　世界主要能源消费地区可再生能源电力消纳比重情况

升 0.6 个百分点，低于我国平均水平（9.2%）3.9 个百分点，落后于欧盟（21.7%）、美国（10.4%）、印度（8.8%）等国家和地区。2018 年我国南方五省区非水电可再生能源电力消纳情况见表 1-7，世界主要能源消费地区非水可再生能源电力消纳比重情况如图 1-14 所示。

表 1-7　　2018 年我国南方五省区非水电可再生能源电力消纳情况

省区	非水可再生能源电力消纳量（亿 kW·h）	非水可再生能源电力消纳比重（%）	2018 年最低消纳责任权重（%）	完成情况
广东	221.1	3.5	3.5	刚好满足
广西	71.4	4.2	4.0	+0.2%
云南	261.9	15.6	11.5	+4.1%
贵州	66.7	4.5	4.5	刚好满足
海南	17.0	5.2	4.5	+0.7%

弃水形势大幅好转，水能利用率稳步提高。2018 年，南方五省区理论弃水电量 175 亿 kW·h，同比减少 164 亿 kW·h，水能利用率 96.2%，同比增长 3.7 个百分点。

风光基本实现全额消纳。2018 年，南方五省区风光基本实现全额消纳，云南、贵州和海南局部存在弃风，理论弃风电量 1.91 亿 kW·h，同比减少

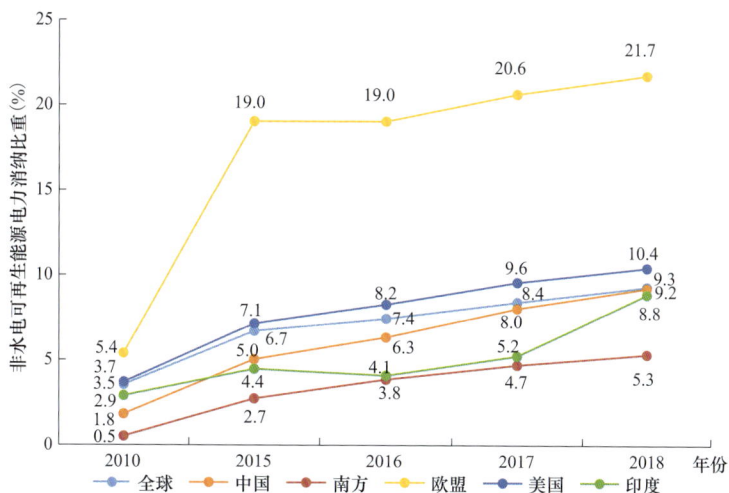

图 1-14　世界主要能源消费地区非水可再生能源电力消纳比重情况

5.92 亿 kW·h，理论弃风率 0.5%，同比下降 1.8 个百分点；云南和贵州局部存在弃光，理论弃光电量 0.26 亿 kW·h，同比减少 0.05 亿 kW·h，理论弃光率 0.3%，同比下降 0.3 个百分点。

1.4　发展政策

　　能源战略大力推动可再生能源发展，可再生能源将逐步成为未来能源发展的方向。2016 年 12 月，国家发展改革委、能源局印发《能源生产和消费革命战略（2016—2030）》（发改基础〔2016〕2795 号）和《可再生能源发展"十三五"规划》（发改能源〔2016〕2619 号），明确了能源革命战略目标以及"十三五"可再生能源发展主要任务和目标。提出到 2020 年，清洁能源成为能源增量主体，非化石能源占比 15%；2021—2030 年，可再生能源持续增长，非化石能源占能源消费总量比重达到 20% 左右，新增能源需求主要依靠清洁能源满足；展望 2050 年，非化石能源占比超过一半，建成能源文明消费型社会。

　　2017 年 7 月，国家能源局印发《关于可再生能源发展"十三五"规划实施的指导意见》（国能发新能〔2017〕31 号），要求各地加强可再生能源发展的目标引导和监测考核，加强可再生能源发展规划的引领作用，健全风电、光伏发电建设规模管理机制，并明确了 2017－2020 年各省风电、光伏电站、生物质发电的新增建设规模。规划到 2020 年，南方五省区风电、光伏并网目标分别为 2780 万 kW、1210 万 kW，"十三五"期间生物质发电新增规模约 300 万 kW。

全力促进可再生能源消纳，为可再生能源健康可持续发展保驾护航。2017 年 11 月和 2018 年 10 月，国家发改委、能源局先后联合印发了**《解决弃水弃风弃光问题实施方案》（发改能源〔2017〕1942 号）**和**《清洁能源消纳行动计划(2018－2020 年)》（发改能源规〔2018〕1575 号）**，提出到 2020 年在全国范围内有效解决弃水、弃风、弃光问题，并从电源侧、电网侧、用电侧、市场机制等多方面提出了具体举措。

2018 年 3－11 月，国家发改委先后对《可再生能源电力配额及考核办法》进行三次征求意见，并于 2019 年 5 月正式下发**《关于建立健全可再生能源电力消纳保障机制的通知》（发改能源〔2019〕807 号）**，对各省级行政区域内的电力消费规定了最低的可再生能源消纳责任权重指标，由各类从事售电业务的企业及所有电力消费者共同承担消纳责任，要求各市场主体的售电量（或用电量）均须达到所在省级行政区域的可再生能源电力消纳责任权重，以此形成引领可再生能源电力消费的长效机制，促进清洁低碳、安全高效的现代能源体系建设。南方五省区可再生能源和非水可再生能源电力总量消纳责任权重如附录 1 和附录 2 所示。

建立风电、光伏发电监测预警机制，不断优化风光发电建设运营环境，引导风电、光伏产业有序发展。国家能源局在 2016 年和 2017 年分别建立了风电监测预警机制和光伏市场环境监测评价机制，并每年发布监测评价结果，以此引导发电企业理性投资。南方五省区 2016－2018 年风电、光伏监测预警结果如附录 3 所示。

1.5　发展展望

可再生能源将成为未来能源增量的重要组成部分，规模还将持续快速增长。我国是世界上最大的能源生产国和消费国，能源对外依存度始终维持在较高水平，2018 年原油对外依存度达到 71%，天然气对外依存度达到 43%，在国际局势复杂变化和全球能源向高效、清洁、多元化方向加速转型推进的大背景下，大力发展可再生能源将是提高我国能源自主保障能力、优化能源结构的重要手段。

南方五省区可再生能源规模仍将稳步增长，短期内装机占比仍将继续提升。 南方五省区近期将投产乌东德、大藤峡等大型水电站，陆上风电和光伏在国家政策的支持下将稳步发展，海上风电迎来加速发展期。结合各类电源发展情况，预计 2020 年南方五省区可再生能源装机总规模将达到 1.78 亿 kW，占总电源装机比重的 48.5%，比 2018 年增加约 2200 万 kW，新增规模占总新增电源规模的比重超过 50%，"十三五"后两年年均增长 6.8%。展望 2025 年，可再生能源装机规模预计达到 2.23 亿 kW，受水电开发减少影响，"十四五"年均增长约 5%，增速逐步放缓。南方五省区 2020 年和 2025 年可再生能源装机规模预测如图 1-15 所示。

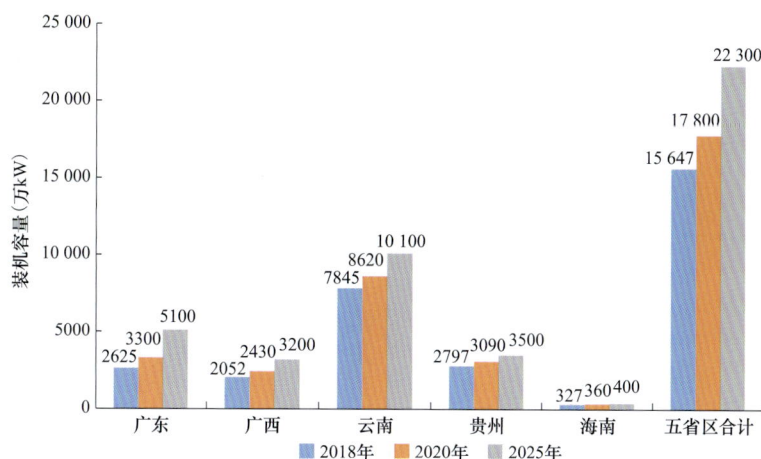

图 1-15　南方五省区 2020 年和 2025 年可再生能源装机规模预测

第 2 章

水　电

2.1　资源开发潜力

2.1.1　常规水电

南方五省区水资源技术可开发容量约 1.7 亿 kW，占全国总量 6.87 亿 kW 的 25%，主要分布在云南、贵州和广西三省区。

广东水能资源主要分布在北江、东江、韩江、西江等水系，水电开发以中小型电站为主，理论蕴藏量 1137 万 kW，技术可开发容量 850 万 kW。

广西水域面积约 4700km²，理论蕴藏量 2133 万 kW，技术可开发量 1890 万 kW，居全国第 8 位，年发电量约 800 亿 kW·h，经济可开发装机容量 1860 万 kW。

云南水能资源十分丰富，按最新统计，技术可开发量约 1.2 亿 kW，居全国第三，约占全国总量的 17%。主要集中在金沙江、澜沧江和怒江干流，理论蕴藏量近全省的 80%。

贵州水能资源理论蕴藏量居全国第 6 位，技术可开发装机容量约 2350 万 kW，主要集中在长江流域的乌江水系及珠江流域的南北盘江水系。

海南陆域水能资源理论蕴藏量 104 万 kW，技术可开发容量 95 万 kW，主要集中在南渡江、昌化江、万泉河三大河流。

2.1.2　抽水蓄能

抽水蓄能是水电的一种特殊形式，其本身不能生产电能，但因具有运行调节灵活的特性，在电力系统中扮演着非常重要的角色。根据厂址普查情况，南方五省区内符合作为抽水蓄能电站建设的可选厂址共计 40 个（暂不考虑云南），可支撑装机规模约 6900 万 kW。其中，广东适合建设抽水蓄能电站的站址 23 个，可支撑装机容量约 5000 万 kW，主要分布在梅州、清远、阳江、肇庆、惠州、汕尾等 13 个地市；广西规划备选站址 6 个，可支撑装机容量 720 万 kW，主要分布在南宁、桂林、来宾、钦州等 4 个地市；贵州规划备选站址 6 个，可支撑装机容量 720 万 kW，主要分布在贵阳、黔南州 2 个地市；海南规划备选站址 5 个，可支撑装机容量 480 万 kW，主要分布在琼中、保亭、昌江、三亚等 4 个地市（县）。

2.2 开发建设

五省区水电开发稳步推进，装机容量占全国比重趋于平稳。2018 年底，南方五省区水电（含抽水蓄能）总装机容量 12 268 万 kW，比 2017 年增加 600 万 kW，同比增长 5.1%，占全国水电总容量的 34.8%，比 2010 年提高 2.9 个百分点。南方五省区水电（含抽水蓄能）装机及增速情况分别见表 2-1 和图 2-1。

表 2-1　　　　南方五省区水电（含抽水蓄能）装机情况　　　　单位：万 kW

项目名称	2010 年	2015 年	2016 年	2017 年	2018 年
1. 五省区水电总装机	**6805**	**10 929**	**11 344**	**11 669**	**12 268**
（1）广东	1260	1355	1411	1486	1576
（2）广西	1494	1645	1665	1669	1677
（3）云南	2435	5782	6088	6281	6649
（4）贵州	1540	2056	2089	2119	2212
（5）海南	75	92	91	114	154
2. 占全国比重	**31.9%**	**34.2%**	**34.2%**	**34.2%**	**34.8%**
（1）广东	5.9%	4.2%	4.2%	4.4%	4.5%
（2）广西	7.0%	5.2%	5.0%	4.9%	4.8%
（3）云南	11.4%	18.1%	18.3%	18.4%	18.9%
（4）贵州	7.2%	6.4%	6.3%	6.2%	6.3%
（5）海南	0.4%	0.3%	0.3%	0.3%	0.4%

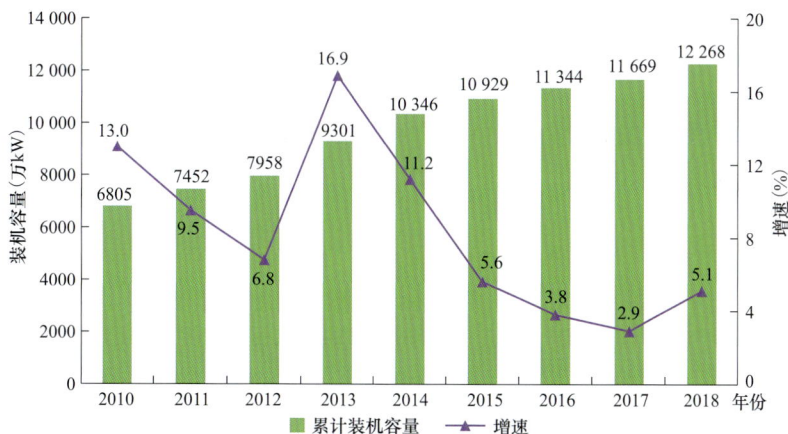

图 2-1　南方五省区水电（含抽水蓄能）装机及增速

广东、海南、贵州水电装机容量已完成"十三五"规划目标。2018 年底，广东、海南两省水电装机容量已达到"十三五"规划目标，贵州超过规划目标100 万 kW，广西、云南装机容量分别达到规划目标的 97%、95%。南方五省区水电（含抽水蓄能）规划目标及完成情况如图 2-2 所示。

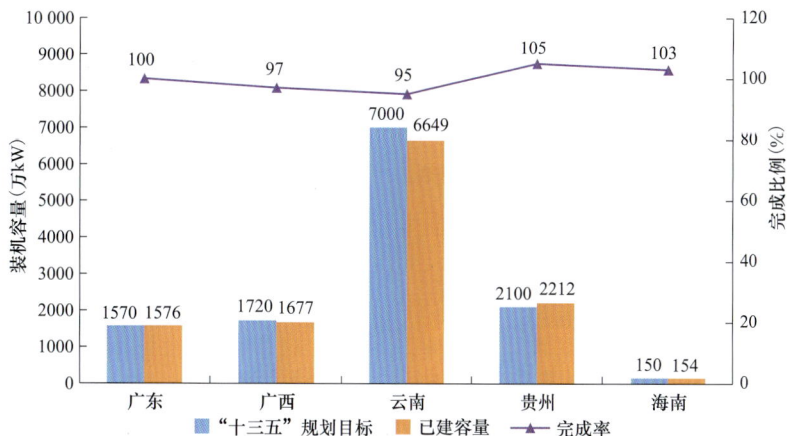

图 2-2　南方五省区水电（含抽水蓄能）规划目标及完成情况

常规水电开发程度高，多省水电资源已基本开发完毕。2018 年底，广东、海南常规水电容量已达到技术可开发量的峰值；贵州、广西水电开发比例分别为 94%、89%，乌江、南盘江、红水河等干流梯级水电已基本开发，仅剩大藤

21

峡电站尚未建成；云南水电开发比例55%，金沙江梯级电站除上游旭龙、奔子栏及中游龙盘、两家人电站尚未开发，澜沧江梯级电站除上游古水、托巴及下游橄榄坝、勐松电站尚未开发外，其余电站均已投运或在建，怒江受生态环保等因素影响尚未开发。2018年底南方五省区常规水电开发情况见表2-2和图2-3。

表2-2　　　　　　　　2018年底南方五省区大型流域电站开发情况　　　　　　单位：万kW

流域	规划开发容量（含界河电站）	已投运电站容量	开发比例
金沙江	7319	3537	48.3%
澜沧江	2523	2035	80.7%
怒江	1867	0	0
红水河	1245	1085	87.1%
乌江	876	876	100%
合计	13 830	7533	54.5%

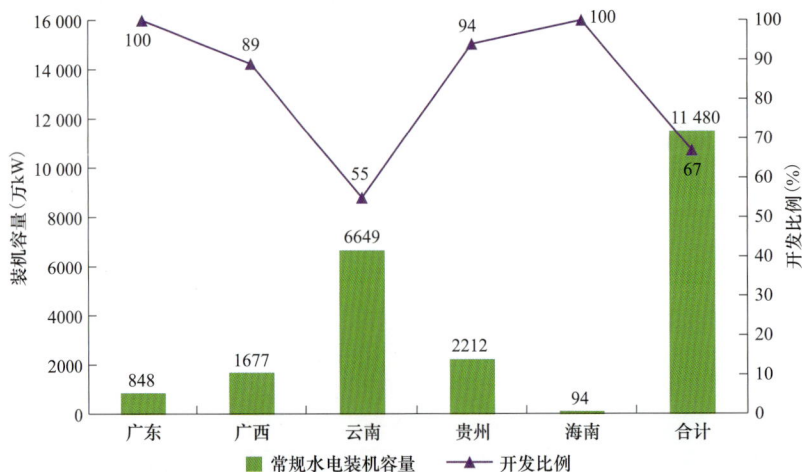

图2-3　2018年底南方五省区常规水电装机容量及开发比例

常规水电装机占比远超全国平均水平。2018年底，南方五省区常规水电装机占总装机的35.1%，高于全国水电17.0%的装机占比。其中，云南水电装机占比最高，达71.2%，广西、贵州装机占比分别为37.1%、36.6%，超过全国平均水平。南方五省区常规水电装机占比如图2-4所示。

22

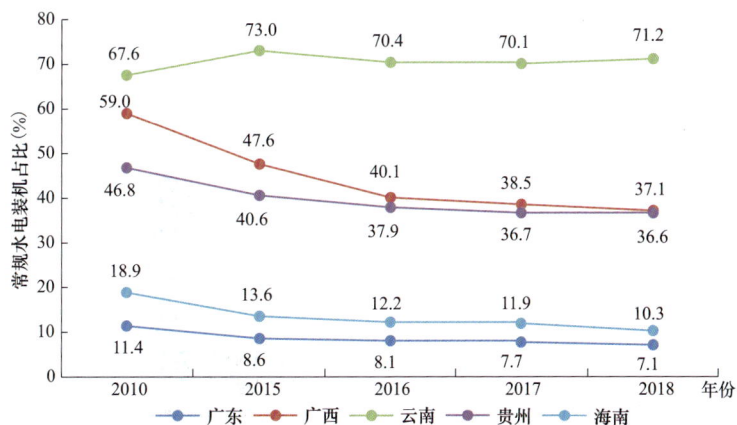

图 2-4 南方五省区常规水电装机占比

抽水蓄能有序发展，装机主要集中在广东和海南。2018 年底，南方五省区抽水蓄能电站总装机容量 788 万 kW，2018 年新增投运装机 130 万 kW。其中，广东在运抽水蓄能电站 4 座，装机容量 728 万 kW；海南在运抽水蓄能电站 1 座，装机容量 60 万 kW。南方五省区抽水蓄能电站在运及核准情况见表 2-3。

表 2-3　　　　　　　　南方五省区抽水蓄能在运及核准情况　　　　　单位：万 kW

状态	省区	厂址名称	容量	合计容量
在运	广东	广州蓄能	240	728
		惠州蓄能	240	
		清远蓄能	128	
		深圳蓄能	120	
	海南	琼中抽蓄	60	60
核准	广东	五华蓄能	120	240
		阳江蓄能	120	

2.3　运行消纳

水电发电量不断增长。2018 年，南方五省区水电发电量 4398 亿 kW·h，较 2017 年增加 221 亿 kW·h，同比增长 5.3%。占全国水电总发电量的 35.7%，比2010年提高7.3个百分点。南方五省区水电发电量情况见表2-4。

表2-4　　　　　　　南方五省区水电发电量情况　　　　单位：亿kW·h

项 目 名 称	2010年	2015年	2016年	2017年	2018年
1. 五省区水电总发电量	**1947**	**4064**	**4041**	**4177**	**4398**
（1）广东	268	284	423	301	292
（2）广西	475	762	600	614	609
（3）云南	814	2177	2268	2502	2699
（4）贵州	369	827	727	733	770
（5）海南	20	15	23	26	27
2. 占全国比重	**28.4%**	**36.5%**	**34.2%**	**35.0%**	**35.7%**
（1）广东	3.9%	2.5%	3.6%	2.5%	2.4%
（2）广西	6.9%	6.8%	5.1%	5.1%	4.9%
（3）云南	11.9%	19.5%	19.2%	20.9%	21.9%
（4）贵州	5.4%	7.4%	6.2%	6.1%	6.2%
（5）海南	0.3%	0.1%	0.2%	0.2%	0.2%

水电发电量占各省区总发电量比重高于全国平均水平，占比略有下降。
2018年，南方五省区水电发电量占总发电量的37.0%，占比较2015年下降
4.2个百分点，但仍超过全国水电发电量占比19.4个百分点。南方五省区水电
发电量占比与全国平均水平对比情况如图2-5所示。

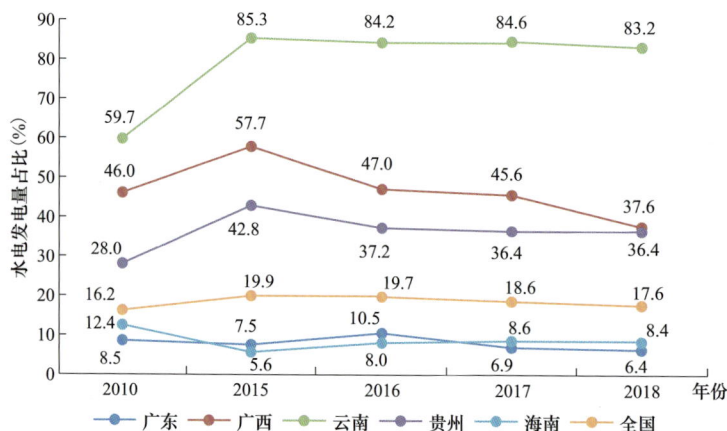

图2-5　南方五省区水电发电量占比与全国平均水平对比

水电设备利用小时数整体高于全国平均水平。2018 年南方五省区水电平均利用小时数 3723h，比 2017 年增加 65h，高出全国平均水平 110h。南方五省区水电利用小时数与全国平均水平对比情况如图 2-6 所示。

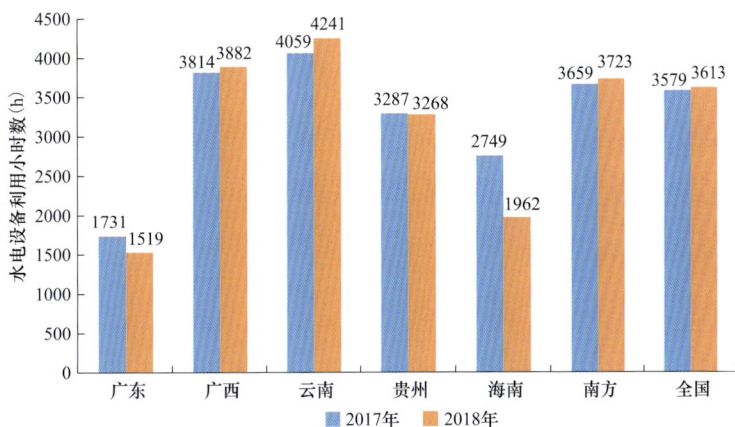

图 2-6 2017—2018 年南方五省区水电利用小时数与全国平均水平对比情况

南方区域内西电东送水电电量持续增长，资源配置作用持续提升。2018 年南方西电东送电量（不含区外送五省区电量）1950 亿 kW·h，比 2017 年增加 150 亿 kW·h，同比增长 8.3%；其中水电电量 1571 亿 kW·h，比 2017 年增加 97 亿 kW·h，占西电东送电量比重的 81%，与 2017 年基本持平，比 2010 年提高 23 个百分点。南方区域内西电东送水电电量及占比情况如图 2-7 所示。

图 2-7 南方区域内西电东送水电电量及占比情况

水电消纳成效显著，水能利用率稳步提升，顺利完成国家控制指标。2018年南方五省区理论弃水电量 175 亿 kW·h，比 2017 年减少 164 亿 kW·h，同比降低 48.4%，水能利用率 96.2%，同比提高 3.7 个百分点。其中，云南近 3 年理论弃水电量逐步下降，降幅超过 140 亿 kW·h，2018 年水能利用率 94%，高于国家发改委、能源局印发的《清洁能源消纳行动计划（2018－2020 年)》文件中给定的控制目标值（90%）；广西 2018 年实现"零弃水"，水能利用率100%，圆满完成了国家给定的控制目标（95%）。近 5 年南方五省区弃水电量及水能利用率如图 2-8 所示。

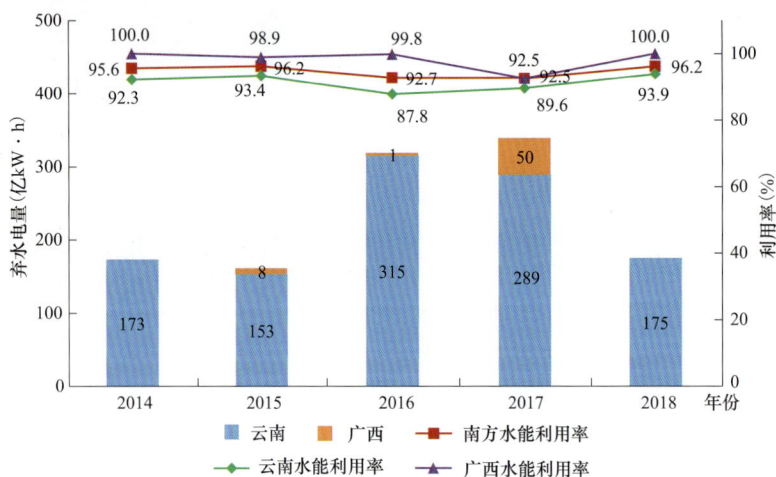

图 2-8　近 5 年南方五省区弃水电量及水能利用率

2.4　发电成本和电价

2.4.1　工程造价

常规水电站和抽水蓄能电站单位造价整体呈上涨趋势。2018 年投产的常规水电工程平均单位造价约 9400 元/kW❶，相比 2012 年高出 1200 元/kW；投产

---

❶　数据来源：中国电力企业联合会，中国电力行业年度发展报告 2019。

的抽水蓄能电站平均单位造价约 4000 元/kW，相比 2012 年高出近 500 元/kW。随着工程开发建设环境日趋复杂，水电开发成本不断上涨。

2.4.2 上网电价

南方多个省区水电已开始参与电力市场，交易电价将逐步由政府定价向由市场决定转变。云南省印发的《2018 年云南电力市场化交易实施方案》中提出将现有发电企业划分为优先电厂和市场化电厂，所有在 2004 年 1 月 1 日后投产的由总调调度、省调调度、省地共调水电厂（包括现有和未来新投产的）均纳入市场化电厂，除优先发电计划电量外，市场化电厂其余电量全部参与市场竞争，交易电价由市场决定，不再执行标杆电价。广东、广西、贵州等省内水电上网电价主要由政府定价，但广西、贵州已有多家水电企业通过水火发电权置换方式开始参与电力市场交易。

云南、广西水电平均上网电价近年呈下降趋势，电价为全国最低水平。2017 年云南水电平均上网电价 0.192 元/（kW·h），为全国最低，较 2014 年下降 0.070 元/（kW·h）；广西水电平均上网电价 0.220 元/（kW·h），在全国仅高于云南和青海，较 2014 年下降 0.013 元/（kW·h）[1]。南方五省区水电平均上网电价见表 2-5。

表 2-5　　　　　　南方五省区水电平均上网电价　　　单位：元/（kW·h）

省区	2014 年	2015 年	2016 年	2017 年
广东	0.360	0.361	0.359	0.369
广西	0.233	0.227	0.226	0.220
云南	0.262	0.253	0.200	0.192
贵州	0.293	0.299	0.286	0.288
海南	0.352	0.359	0.399	0.399
全国平均	0.284	0.274	0.265	0.259

---

[1] 数据来源：国家能源局，2014—2017 年度全国电力价格情况监管通报。

2.5 发展政策

全力促进西南地区水电消纳，实现水电资源的充分利用和优化配置，推进能源结构转型升级。2017年10月国家发改委、能源局印发《关于促进西南地区水电消纳的通知》（发改运行〔2017〕1830号），从加强规划引导和全局统筹、完善价格机制、建立长效机制等方面提出了具体要求，明确提出"十三五"期间要新增云南送电能力1300万kW，并从规划上考虑连接云南贵州电网，实现相邻电网互联互通、水火互济。

2018年10月，国家发展改革委、能源局印发的《清洁能源消纳行动计划(2018－2020年)》（发改能源规〔2018〕1575号）中针对部分重点省份给出了分年度清洁能源消纳目标，其中要求云南2018－2020年水能利用率分别达到90%、92%、95%，广西2018－2020年水能利用率达到95%。

多省区出台小水电整改工作方案，进一步完善小水电建设管理制度和监管体系，促进小水电科学有序可持续发展。2018年12月，水利部、国家发改委、生态环境部、国家能源局联合印发《关于开展长江经济带小水电清理整改工作的意见》(水电〔2018〕312号)，要求全面核查评估小水电项目，按照退出、整改、保留三类意见开展清理整改工作，同时各地要合理确定开发与保护边界，严控新建小水电项目。

贵州、云南两省于2019年3月和5月先后印发了《贵州省小水电清理整改实施方案》和《云南省小水电清理整改实施方案》，要求在2020年底前完成对全省装机容量5万kW以下的已建、在建小水电站的分类整改落实工作，提出了具体的工作目标，同时明确除与生态环境保护相协调且是国务院及其相关部门、省人民政府批准的脱贫攻坚项目外，两省都将严控新建商业开发的小水电项目。

2.6　发展展望

2.6.1　我国水电发展展望

水电是保障我国能源供应安全、实现能源清洁发展的重要支撑电源，未来我国水电开发规模仍将有较大增长。2018 年底，我国常规水电装机容量 32 227 万 kW，抽水蓄能装机容量 2999 万 kW，分别完成了 2020 年规划目标的 94.8%、75%。预计到 2020 年，常规水电装机容量和抽水蓄能装机容量将分别达到 3.4 亿 kW 和 4000 万 kW 的规划目标。展望 2025 年，我国常规水电、抽水蓄能规模将进一步增加至 3.8 亿 kW 和 8000 万 kW 左右[1]。

后续开发的水电工程地处偏远地区，制约因素多，水电开发成本将逐步攀升。目前，我国剩余可待开发的水电主要集中在西南地区"五江一河"流域，除怒江及雅鲁藏布江尚未实现大规模开发外，其余各流域中、下游水电正在（已）开发建设，后续开发重点将逐步转移至各流域中上游。由于工程建设成本以及移民、环保等投入将不断加大，电站单位投资将攀升至 15 000～20 000 元/kW，对应水电上网电价也将提升到 0.5 元/（kW·h）左右。

2.6.2　南方五省区水电发展展望

南方五省区水电开发程度高，后续可待开发的水电主要集中在云南金沙江、澜沧江、怒江等干流。云南后续可供开发的大型水电站装机容量共计 4588 万 kW（界河电站考虑一半装机，白鹤滩暂未计入），目前已经核准在建的大型水电装机容量 1220 万 kW，尚在前期规划论证阶段的大型水电装机容量 1120 万 kW，怒江 12 级电站及澜沧江下游的橄榄坝、勐松 2 级电站目前开发不

---

[1]　数据来源：水电水利规划设计总院，中国可再生能源发展报告 2018。

确定性大，装机容量合计 1950 万 kW；广西后续可供开发的大型水电站装机容量 300 万 kW，其中大藤峡水电站已经在建，龙滩扩机尚在前期规划论证阶段，投产时间暂未明确。南方五省区后续可待开发水电站情况见表 2-6。

表 2-6　　　　　南方五省区后续可待开发水电站情况　　　　单位：万 kW

省区	流域	电站	装机容量	建设进展	预计投产时间
云南	金沙江上游	旭龙	111	前期规划	2025 年以后
		奔子栏	110	前期规划	2025 年以后
	金沙江中游	龙盘	420	前期规划	2025 年以后
		两家人	300	前期规划	2025 年以后
		金安桥扩机	60	核准	2025 年
	金沙江下游	乌东德	1020	在建	2020—2021 年
	怒江	12 级	1867	未明确	—
	澜沧江上游	古水	180	前期规划	2025 年以后
		托巴	140	核准	2025 年
	澜沧江下游	勐松	60	未明确	—
		橄榄坝	20	未明确	—
广西	红水河	龙滩扩机	140	前期规划	2025 年左右
		大藤峡	160	在建	2020—2022 年
合计			4588		

南方五省区水电建设进程逐步放缓，装机占比将呈下降趋势。由于大型水电开发受限以及政府严控小水电新建，南方五省区未来水电发展总体规模有限。预计 2020 年南方五省区水电装机容量 1.3 亿 kW，其中常规水电装机容量 1.23 亿 kW，抽水蓄能装机容量 788 万 kW，总规模比 2018 年增加约 800 万 kW；水电占五省区电源总装机比重约 36%，比 2018 年下降 1.8 个百分点；水电占可再生能源装机比重约 74%，比 2018 年下降 4.8 个百分点。展望 2025 年，预计南方五省区水电装机容量将达到 1.43 亿 kW，其中常规水电装机容量 1.33 亿 kW，比 2020 年增加约 1000 万 kW，抽水蓄能装机容量 1028 万 kW，比 2020 年增加 240 万 kW；水电占可再生能源装机比重约 64%，比 2020 年下降 10 个百分点。

南方五省区 2020 年和 2025 年水电装机规模预测如图 2-9 所示。

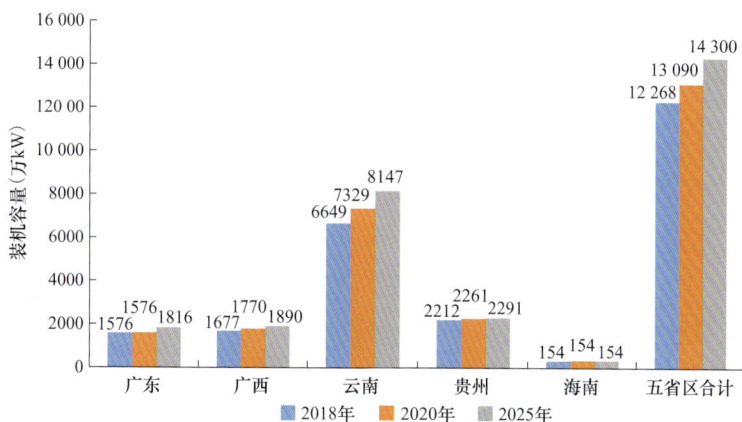

图 2-9　南方五省区 2020 年和 2025 年水电装机规模预测

2.7　发展建议

制订水电开发优惠政策，支持后续西南水电开发与外送。 鉴于后续西南水电开发难度大、成本高，建议国家制定水电开发扶持政策，包括贷款优惠政策、税收优惠政策、电价补贴机制等，支持后续西南水电的开发和外送。同时在维持目前同一流域不同开发主体的情况下，建议按照"谁受益、谁承担"的原则，建立下游电站受益补偿机制，鼓励龙头水库电站建设。

加快在建及核准抽水蓄能电站建设进度，推进规划抽水蓄能电站前期工作。 抽水蓄能电站在电力市场环境中具备竞争优势及广泛发展前景。广东、广西两省区随着沿海核电及海上风电大规模投产以后，调峰问题将进一步凸显，由于未来调峰气电发展受天然气供应和气价限制，两广地区调峰电源仍将以抽水蓄能为主。建议广东、广西配合核电及海上风电的发展，适时建设抽水蓄能电站，提高系统调峰能力，保障核电及海上风电的合理消纳。

31

第 3 章

风　电

3.1　资源开发潜力

3.1.1　陆上风能资源

南方五省区陆上风能资源禀赋一般。陆上风能整体处于Ⅳ类资源区，仅云贵高原及东南沿海等地区风能资源相对丰富。南方五省区陆地 70、80、90m 高度风能资源技术可开发量分别约 4800 万、9400 万、23 800 万 kW❶，分别占全国相应高度风能资源技术可开发量的 1.9%、2.7%、3.8%。南方五省区陆上风能资源技术可开发量见表 3-1。

表 3-1　　　　　南方五省区陆上风能资源技术可开发量　　　　单位：万 kW

省　　区	70m	80m	90m
广东	1397	2264	5193
广西	692	2041	7017
云南	2066	3108	6110
贵州	456	1654	3754
海南	206	303	1687
南方五省区总计	4817	9370	23 761
南方五省区占全国比重	1.9%	2.7%	3.8%

注：70m 高度年平均风功率密度不小于 $300 \mathrm{W/m^2}$，80m 高度风速≥6.0m/s，90m 高度风速≥5.0m/s。

3.1.2　海上风能资源

南方五省区海上风能资源集中分布于广东沿海地区，资源量丰富，海上风能资源技术可开发量约 8000 万 kW，占全国海上风能资源技术可开发量的 15.7%。

广东是南方区域最主要的海上风电开发基地，规划海上风电场址 23 个，总

---

❶　数据来源：国家可再生能源中心，可再生能源数据手册。

装机容量 6685 万 kW，占南方区域的比重超过 83％。其中，近海浅水区（35m 水深以内）海上风电场址 15 个，规划装机容量 985 万 kW；近海深水区（35～50m 水深）海上风电场址 8 个，规划装机容量 5700 万 kW。广东海上风电各海域规模见表 3-2。

表 3-2　　　　　　　　　广东海上风电各海域规模　　　　　　　单位：万 kW

项　　目	近海浅水区			近海深水区	
	粤东	珠三角	粤西	粤东	粤西
厂址数（个）	7	3	5	6	2
装机容量	415	150	420	5000	700

广西具备海上风电规模开发潜力和前景。据初步研究，目前考虑共 5 个可开发利用区域，初估总装机容量约 1180 万 kW。

海南是我国最具热带海洋气候特色的省份，海上风能资源潜力 395 万 kW，技术可开发量 155 万 kW，主要分布于临高、儋州等近海海域。

3.2　开发建设

五省区风电持续开发，装机容量占全国比重趋于平稳。2018 年底，南方五省区已投运风电场 232 个，总装机容量 1838 万 kW，占全国风电总容量的 10.0％，近几年基本持平；2018 年新增装机容量 131 万 kW，同比增长 7.7％。南方五省区风电装机情况见表 3-3，装机容量及增速如图 3-1 所示。

表 3-3　　　　　　　　　南方五省区风电装机情况　　　　　　　单位：万 kW

项　目　名　称	2010 年	2015 年	2016 年	2017 年	2018 年
1. 五省区风电总装机容量	**122**	**1255**	**1468**	**1707**	**1838**
（1）广东	62	246	268	335	357
（2）广西	0	40	70	150	208
（3）云南	34	614	737	825	857
（4）贵州	0	323	362	363	386

项 目 名 称	2010 年	2015 年	2016 年	2017 年	2018 年
(5) 海南	25	31	31	34	29
2. 占全国比重	**3.9%**	**9.8%**	**9.9%**	**10.4%**	**10.0%**
(1) 广东	2.0%	1.9%	1.8%	2.0%	1.9%
(2) 广西	0.0%	0.3%	0.5%	0.9%	1.1%
(3) 云南	1.1%	4.8%	5.0%	5.0%	4.7%
(4) 贵州	0.0%	2.5%	2.4%	2.2%	2.1%
(5) 海南	0.8%	0.2%	0.2%	0.2%	0.2%

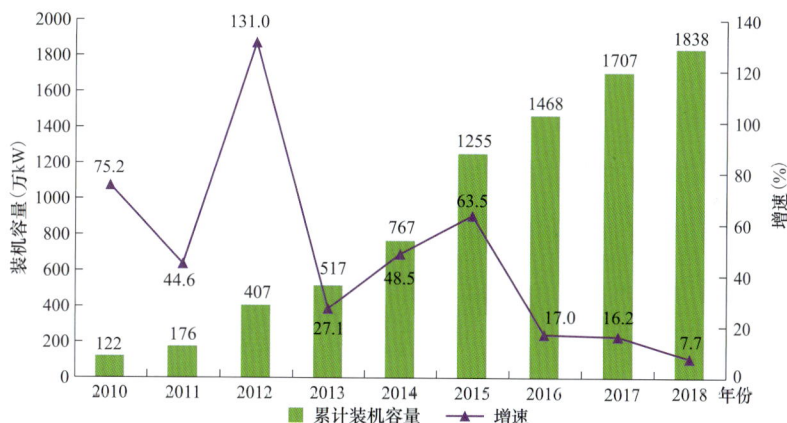

图 3-1 南方五省区风电装机及增速

五省区中云南风电装机容量最大，广西新增装机容量最高。2018 年底，云南风电装机容量 857 万 kW，占五省区风电总装机容量的 46.7%；2018 年，广西新增风电装机容量 58 万 kW，占五省区新增风电装机容量的 44%。海南受四更风电场退役影响，装机容量有所减小。

云南、海南风电发展规模已接近"十三五"规划目标，广东、广西完成率相对较低。2018 年底，海南、云南风电装机容量分别达到"十三五"规划目标的 97%、91%，在五省区中完成率最高；贵州完成率 64%；广东、广西完成率仅在 50% 左右。南方五省区风电规划目标及完成情况如图 3-2 所示。

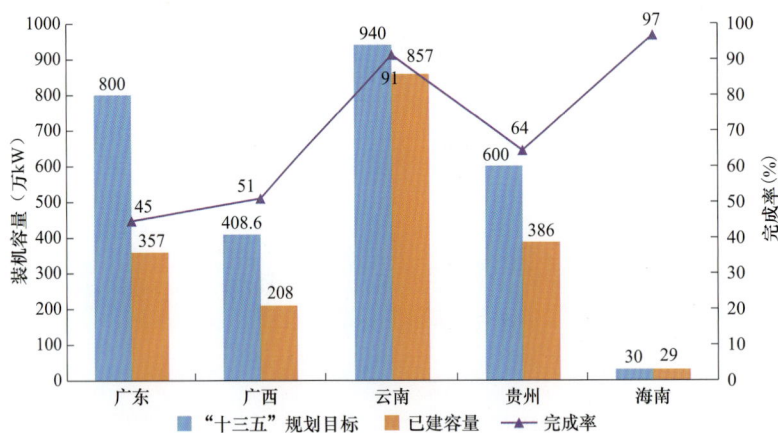

图 3-2　南方五省区风电规划目标及完成情况

风电在各省区电源装机中的占比均低于全国平均水平。2018 年南方五省区风电装机占总装机的 5.6％，同比增长 0.1％，低于全国平均水平 4 个百分点。即使是风能资源最为丰富的云南，风电装机占比仍低于全国 0.5 个百分点。南方五省区风电装机占比与全国平均水平对比情况如图 3-3 所示。

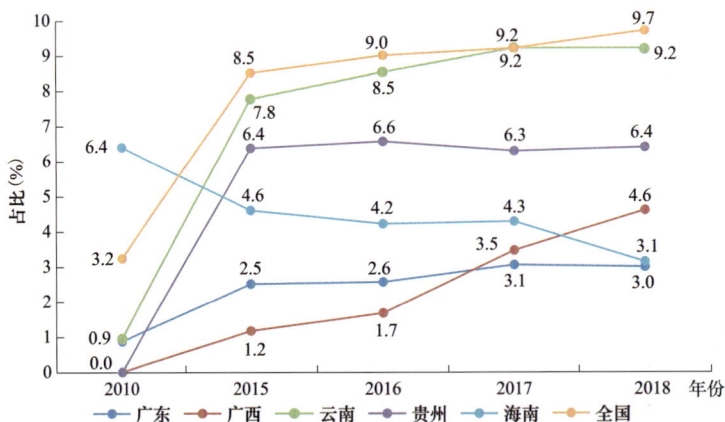

图 3-3　南方五省区风电装机占比与全国平均水平对比情况

广东在建及近期规划投产的风电装机容量超过南方五省区一半。2018 年底，南方五省区在建及近期规划投产的风电装机容量 1715 万 kW。其中广东在建及规划风电装机容量 1016 万 kW，占五省区总装机容量的 59％。海南无新增风电项目，且由于陆上风电发展与沿海岸线资源开发利用冲突，预计未来将不再考虑规划新建陆上风电场。南方五省区（除海南）风电在建及近期规划投产容量情况如图 3-4 所示。

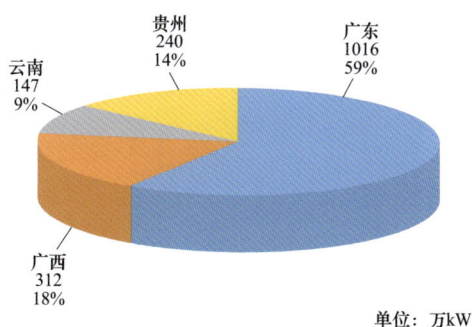

单位：万 kW

图 3-4　南方五省区（除海南）风电在建及近期规划投产容量情况

海上风电建设加快推进。2018 年底，南方五省区仅投产广东珠海桂山海上风电场一期示范项目，总容量 12 万 kW，占全国海上风电装机总容量的 1.4%。目前，广东有 6 个在建海上风电项目，总装机容量 170 万 kW，广西、海南两省区海上风电尚未进入实质性开发阶段。2018 年底，广东已核准海上风电项目 31 个，总装机容量 1870 万 kW。广东在建海上风电项目情况见表 3-4，已核准海上风电项目详细信息如附录 4 所示。

表 3-4　　　　　　　　　　广东在建海上风电项目情况

序号	项目名称	总装机容量（MW）	建设规模	单位投资（万元/kW）	项目单位	建设地点
1	粤电阳江沙扒一期海上风电项目	300	55×5.5MW	2.0	广东省能源集团	阳西县沙扒镇海域
2	中广核阳江南鹏岛海上风电项目	400	73×5.5MW	1.7	中广核集团	阳江市东平镇南侧、海陵岛东南侧海域
3	三峡阳西沙扒海上风电一期项目	300	55×5.5MW	1.9	三峡集团	阳西县沙扒镇海域
4	中节能阳江南鹏岛海上风电项目	300	55×5.5MW	1.9	中节能	阳江市南鹏列岛南部海域

续表

序号	项目名称	总装机容量（MW）	建设规模	单位投资（万元/kW）	项目单位	建设地点
5	粤电湛江外罗海上风电一期项目	198	36×5.5MW	1.9	广东省能源集团	徐闻县新寮岛及外罗以东的近海区域
6	粤电湛江外罗海上风电二期项目	203.5	37×5.5MW	1.9	广东省能源集团	徐闻县新寮岛及外罗以东的近海区域
	合计	1701.5				

2018年8月，南方五省区首个海上风电场——广东珠海桂山海上风电场一期示范项目实现全部并网发电，项目场址位于珠江河口的伶仃洋水域。一期建设规模12万kW，安装34台3MW和3台6MW海上风力发电机组，是国际首个海上风电与海岛新能源智能微电网应用研究整合项目。

2019年8月，广东首个5MW级以上大兆瓦海上风电场——广东湛江外罗海上风电项目首批机组并网发电，项目共安装36台单机容量5.5MW的海上风力发电机组，总装机容量19.8万kW，并配套建设广东省首座220kV海上升压站和220kV陆上集控中心。

3.3 运行消纳

风电发电量持续稳定增长。2018年，南方五省区风电发电量397亿kW·h，占全国风电总发电量的10.8%，比2017年下降0.4个百分点，新增发电量53亿kW·h，同比增长15.4%。南方五省区风电发电量情况见表3-5。

表3-5 南方五省区风电发电量情况 单位：亿kW·h

项目名称	2010年	2015年	2016年	2017年	2018年
1.五省区风电总发电量	17	180	272	344	397
（1）广东	10	42	50	62	64
（2）广西	0	6	13	25	40

项　目　名　称	2010 年	2015 年	2016 年	2017 年	2018 年
(3) 云南	4	94	149	188	219
(4) 贵州	0	33	55	63	68
(5) 海南	2	6	6	6	5
2. 占全国比重	**3.3%**	**9.7%**	**11.3%**	**11.2%**	**10.8%**
(1) 广东	2.0%	2.2%	2.1%	2.0%	1.8%
(2) 广西	0.0%	0.3%	0.5%	0.8%	1.1%
(3) 云南	0.8%	5.1%	6.2%	6.2%	6.0%
(4) 贵州	0.0%	1.8%	2.3%	2.1%	1.9%
(5) 海南	0.5%	0.3%	0.2%	0.2%	0.1%

云南风电发电量在五省区中占比超过一半。2018 年，云南风电发电量 219 亿 kW·h，占南方五省区风电总发电量的 55%。

云南风电发电量占本省总发电量比重高于全国平均水平。2018 年，南方五省区风电发电量占总发电量的 3.3%，低于全国平均水平 5.2%；云南风电发电量占比 6.8%，超过全国平均水平 1.6 个百分点。南方五省区风电发电量占比与全国平均水平对比情况如图 3-5 所示。

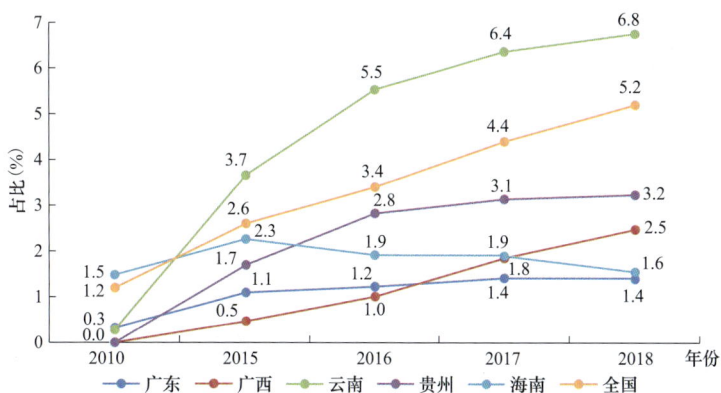

图 3-5　南方五省区风电发电量占比与全国平均水平对比情况

南方五省区整体风电利用小时数高于全国平均水平。2018 年，南方五省区风电利用小时数 2259h，较 2017 年提高 57h，同比增长 2.6%，高于全国 2095h

的平均水平。其中，云南风电利用小时数最高，达 2675h，超出全国平均水平 580h。2017—2018 年南方五省区风电利用小时数与全国平均水平对比情况如图 3-6 所示。

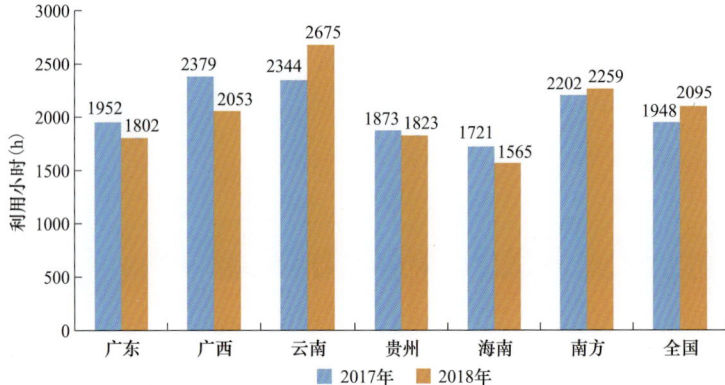

图 3-6　2017—2018 年南方五省区风电利用小时数与全国平均水平对比情况

南方五省区风电基本实现全额消纳，风电利用率超过 99%。2018 年，南方五省区理论弃风电量 1.91 亿 kW·h，同比减少 75.6%，理论弃风率 0.5%，同比降低 78.5%，实现弃风电量和弃风率双降。弃风主要集中在云南（大理、楚雄等地）、贵州（威宁等地）和海南。其中，云南理论弃风电量 0.55 亿 kW·h，主要是局部地区送出通道受限造成；贵州理论弃风电量 1.34 亿 kW·h，主要是局部地区风电发电装机增长较快，加之云南水电过境，造成结构性限电；海南受春季调峰困难影响，负荷低谷期间出现少量弃风。2017—2018 年南方五省区理论弃风情况见表 3-6。

表 3-6　　　　　　　　2017—2018 年南方五省区理论弃风情况　　　　　　　单位：亿 kW·h

省区	2017 年		2018 年	
	弃风量	弃风率	弃风量	弃风率
广东	0.01	0.02%	0	0
广西	0	0	0	0
云南	5.75	3.02%	0.55	0.25%
贵州	1.92	2.95%	1.34	1.92%

省区	2017 年		2018 年	
	弃风量	弃风率	弃风量	弃风率
海南	0.15	2.48％	0.02	0.44％
合计	7.83	2.23％	1.91	0.48％

3.4　技术发展

陆上风电机组持续向大功率方向发展。随着技术的不断进步，高效大功率风电机组逐渐成为陆上风电的主力机组。2018 年底，我国风电机组平均单机容量 1.7MW，同比增长 2.5％❶，仍低于全球平均水平，2018 年新增风电机组平均单机容量 2.2MW，同比增长 3.4％。根据最新的订单情况，我国 2.5MW 风电机组将逐渐替代 2MW 风电机组成为新建风电项目的主流选择。

海上风电单机容量取得突破。随着海上风电技术的进步，海上风电机组的功率更大、叶片更长，在海上风速稳定的情况下发电量稳步增加，一定程度上可分摊深海基础成本的增加。2018 年，全球新建海上风电机组平均单机功率 6.8MW，比 2017 年提高 15％，其中欧洲海上风电单机容量为 5～8MW，广东省在建海上风电项目单机容量均在 5.5MW 以上。2019 年 2 月，三菱－维斯塔斯合作研发的全球单机容量最大的 9.5MW 海上风机将在德国波罗的海地区海上风电项目进行安装。2019 年 7 月，国内单机容量最大的 7.25MW 海上风电试验机组在广东揭阳完成试验并网。

低风速风电技术稳步发展。2011 年，我国第一个低风速风电场——安徽龙源来安风电场并网发电，标志着我国低风速风电开发时代正式开启。近几年中国低风速风电技术持续进步，目前已处于世界领先水平，可开发风速最低可达

---

❶　数据来源：中国可再生能源学会风能专业专委会，中国风电产业地图 2018。

4.5m/s。风电机组叶轮直径持续增大，国内最大的叶轮直径超过 170m，最高轮毂高度超过 150m。南方五省区的低风速风能资源丰富，且接近电网负荷中心，未来将有较大的发展潜力。

海上风机基础结构多样化。早期的海上风电基础以单桩式和重力式为主，而近几年海上风电基础结构开始更加多样化，以适应不同海床条件、水深情况以及机组和环境因素。欧洲已安装的海上风电机组大多采用了单桩固定式，占总量的 80.8%，接下来是重力式（7.5%）、导管式（6.6%）、三脚架结构（3.2%）、三桩式（1.9%）和漂浮式（0.02%）。随着离岸距离和水深的拓展，以及系泊系统的研究，漂浮式基础将会得到更加广泛的应用。

智能信息化技术广泛应用于风电项目开发、建设、运行、维护各阶段。卫星遥感气象模拟、地物识别等技术应用于前期资源数据快速采集及机位点准确选取；大数据分析技术应用于测风数据、风机运行情况等信息的收集共享；无人机技术应用于风机监测、辅助运维等任务。这些智能信息化技术的应用有利于风电项目有关数据和信息的收集利用，节约成本、提高效率，促进产业发展。

3.5 发电成本和电价

3.5.1 工程造价

陆上风电投资成本。南方五省区陆上风能资源多位于山区、丘陵地带，随着土地资源的逐渐紧张以及建设条件的日趋复杂，风电场的基建成本不断攀升。但陆上风电项目设备购置成本占投资成本比重超过 70%，随着风电主设备价格不断下探，陆上风电投资成本呈持续下降趋势。目前，我国陆上风电单位造价为 7500 元/kW 左右❶。

---

❶ 数据来源：中国电力企业联合会，中国电力行业年度发展报告 2019。

海上风电投资成本。2018 年我国海上风电平均造价约 15 000 元/kW，根据广东省在建近海浅水区海上风电项目统计，现阶段广东海上风电项目平均投资成本为 17 000～20 000 元/kW。海上风电机组施工运行成本较高，其建设安装费用约占工程投资成本的 35%。设备购置费（不含集电线路海缆）约占工程投资成本的 50%，其中风电机组及塔筒费用约占设备费用的 85%，送出海缆约占设备费用的 5%，相关电气设备约占设备费用的 10%。

3.5.2　度电成本

陆上风电度电成本持续下降。2018 年，海上风电项目平均度电成本 0.64 元/（kW·h）；陆上风电项目平均度电成本 0.38 元/（kW·h）[1]，相比 2017 年下降 0.098 元/（kW·h），同比降低 20%。2016－2018 年陆上风电平均度电成本变化情况如图 3-7 所示。

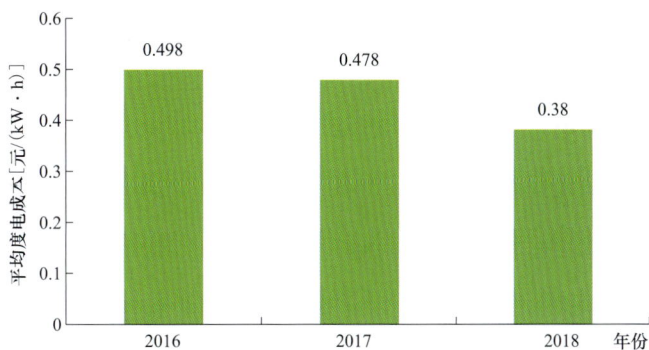

图 3-7　2016－2018 年陆上风电平均度电成本变化情况

3.5.3　上网电价

南方五省区仅云南陆上风电平均上网电价低于全国平均水平。2017 年云南平均上网电价 0.424 元/（kW·h）[2]，仅为全国平均水平的 75.4%，较 2014 年

---

❶　数据来源：国网能源研究院有限公司，2019 中国新能源发电分析报告。

❷　数据来源：国家能源局，2014－2017 年度全国电力价格情况监管通报。

下降 0.011 元／（kW·h）。海南、广东、广西平均上网电价均高于全国平均水平。南方五省区陆上风电平均上网电价见表 3-7。

广东 2018 年投产并网的珠海桂山海上风电场项目执行标杆上网电价 0.85 元／（kW·h）。

表 3-7　　　　　　　　南方五省区陆上风电平均上网电价　　　　单位：元／（kW·h）

省区	2014 年	2015 年	2016 年	2017 年
广东	—	0.602	0.607	0.608
广西	—	0.548	0.555	0.608
云南	0.435	0.564	0.472	0.424
贵州	0.634	0.636	0.634	0.620
海南	0.609	0.645	0.664	0.664
全国平均	0.576	0.572	0.565	0.562

3.6　发展政策

全面推进陆上风电平价上网。2018 年 5 月，国家能源局印发**《关于 2018 年度风电建设管理有关要求的通知》（国能发新能〔2018〕47 号）**，开启了我国风电项目竞争性资源配置模式，拉开了风电平价上网序幕。

2019 年 1 月，国家发展改革委、能源局联合发布**《关于积极推进风电、光伏发电无补贴平价上网有关工作的通知》（发改能源〔2019〕19 号）**，优化平价上网项目和低价上网项目投资环境，保障优先发电和全额保障性收购，鼓励平价上网项目和低价上网项目通过绿证交易获得合理收益补偿，降低就近直接交易的输配电价及收费，创新金融支持方式，做好预警管理衔接，动态完善能源消费总量考核机制等八项鼓励政策措施。

2019 年 5 月，国家发展改革委、能源局联合印发**《关于公布 2019 年第一批风电、光伏发电平价上网项目的通知》（发改办能源〔2019〕594 号）**，要求电网公司按项目核准（备案）时国家规定的当地燃煤标杆上网电价与风电、光伏发电平价上网项目单位签订长期固定电价购售电合同（不少于 20 年）。南方五省区共有 3 个拟建风电项目纳入第一批风电平价上网名单，全部集中在广东，装机容量合计 20 万 kW，详细信息如附录 5 所示。

2019 年 5 月，国家发展改革委印发《**关于完善风电上网电价政策的通知》（发改价格〔2019〕882 号）**，将陆上风电标杆上网电价改为指导价。2019 年南方五省区符合规划、纳入财政补贴年度规模管理的新核准陆上风电指导价调整为 0.52 元/（kW·h），2020 年指导价调整为 0.47 元/（kW·h）。指导价低于当地燃煤机组标杆上网电价（含脱硫、脱销、除尘电价）的地区，以燃煤机组标杆上网电价作为指导价。

推进海上风电竞价上网。2014 年 6 月，国家发改委发布《**关于海上风电上网电价政策的通知》（发改价格〔2014〕1216 号）**，规定 2017 年以前（不含 2017 年）投运的近海风电项目上网电价为 0.85 元/（kW·h），潮间带风电项目上网电价为 0.75 元/（kW·h）。

2016 年 12 月，国家发改委发布《**关于调整光伏发电陆上风电标杆上网电价的通知》（发改价格〔2016〕2729 号）**，首次明确海上风电标杆上网电价。对非招标的海上风电项目，区分近海风电和潮间带风电两种类型确定上网电价。近海风电项目标杆上网电价为 0.85 元/（kW·h），潮间带风电项目标杆上网电价为 0.75 元/（kW·h）。

2019 年 5 月，国家发改委发布《关于完善风电上网电价政策的通知》（发改价格〔2019〕882 号），对 2019 年符合规划、纳入财政补贴年度规模管理的新核准近海风电指导价调整为 0.8 元/（kW·h），2020 年调整为 0.75 元/（kW·h）。新核准近海风电项目通过竞争方式确定的上网电价，不得高于上述指导价。

2018 年 12 月，广东省能源局印发《**关于广东省海上风电项目竞争配置办法（试行）》**，该办法明确以企业能力、设备先进性、技术方案、已开展前期工作、接入消纳条件、申报电价六大要素为标准进行"竞价"，是全国首份风电"竞价"细则标准。

规范分散式风电项目建设管理。2018 年 4 月，国家能源局印发《**分散式风电项目开发建设暂行管理办法**》（**国发新能源〔2018〕30 号**），从规划指导、项目建设和管理、电网接入、运行管理、金融和投资开发模式创新等方面，进一步完善了分散式风电开发的政策和机制，对解决当前分散式风电开发面临的审批流程复杂，电网接入要求不明确，融资难、征地更难等核心问题提供了有效方案，为分散式风电的发展打破了政策壁垒。

2019 年 4 月，广东省发改委能源局发布《**关于推荐分散式风电开发建设有关工作的通知**》（**粤能新能函〔2019〕240 号**），拟对分散式风电实行三年滚动计划管理，并组织编制首期（2019－2021 年）《广东省分散式风电开发建设三年滚动计划实施方案》，有序推进分散式风电项目建设。

广西能源局于 2017 年开始组织各地市开展分散式风电建设规划编制工作，目前多个地市已完成，其中南宁已正式发布了《南宁市分散式风电建设规划（2018－2025 年)》，规划分散式风电场址 39 个，规划装机 80.5 万 kW。

3.7　发展展望

3.7.1　我国风电发展展望

在优化能源供给侧改革的进程中，我国风电规模仍将有较大增长。2018 年底，我国风电装机容量 18 426 万 kW，完成了 2020 年规划目标的 87.7%。预计到 2020 年，风电发展将全面实现"十三五"规划目标，装机容量将达到 2.1 亿 kW 以上。

随着海上风电及分散式风电的发展，我国风电开发建设布局将进一步优化。继江苏、上海等地区先行发展海上风电后，2018 年福建、浙江、河北、广东、辽宁等省海上风电建设取得实质性进展，全国新增海上风电核准容量 3030 万 kW。2018 年全国新增分散式风电装机容量 13.8 万 kW，主要分布在山西、河南、江苏等省❶，中东部和南方地区新增风电并网装机容量达 1000 万 kW 以上，略超过"三北"地区。

3.7.2　南方五省区风电发展展望

广东海上风电快速发展，推动全产业链的形成。随着近海浅水区海上风电的规模化发展和开发经验的持续积累，风电研发、装备制造以及工程施工水平不断提高，国产化持续推进，广东将逐步形成研发、设计、制造、施工、运维一体化的风电全产业链，预计近海浅水区海上风电开发成本将逐步降低，而深水区海上风电项目受技术和施工难度影响，成本较浅水区将有所提高。

海上风电离岸距离和水深不断增加。随着浅水区风力发电场址的开发建设，海上风力发电技术正向深水区不断发展。广东在建及近三年规划投产海上风电项目均位于近海浅水区，离岸距离在 30km 以内；后续规划项目将逐步扩展到近海深水区，离岸距离超过 60km。离岸距离和水深的增长，对海上风电的设计、施工和运维都提出了更高的挑战。

分散式风电正在逐步推进。南方五省区风能资源一般且分布不均，大规模集中式风电资源开发潜力有限。分散式风电规模小、资源普适性较好，靠近负荷中心利于消纳，且投资周期短。随着相关政策的进一步扶持，分散式风电的投资吸引力越来越大。

随着广东海上风电的快速发展，以及云南、贵州、广西陆上风电的开发建设，南方五省区风电规模将持续增大。预计到 2020 年，南方五省区风电规模将达到 2800 万 kW 左右（其中海上风电规模 200 万 kW），占电源总装机比重的 7.6%，较 2018 年提高 2 个百分点，占可再生能源装机比重的 15.8%，较 2018 年提高 4 个百分点。展望 2025 年，预计南方五省区风电总装机容量将达到 5030 万 kW（其中海上风电规模 1200 万 kW），占可再生能源装机比重的

---

❶　数据来源：水电水利规划设计总院，中国可再生能源发展报告 2018。

22.5％，较 2020 年提高近 7 个百分点。南方五省区 2020 年和 2025 年风电装机容量预测如图 3-8 所示。

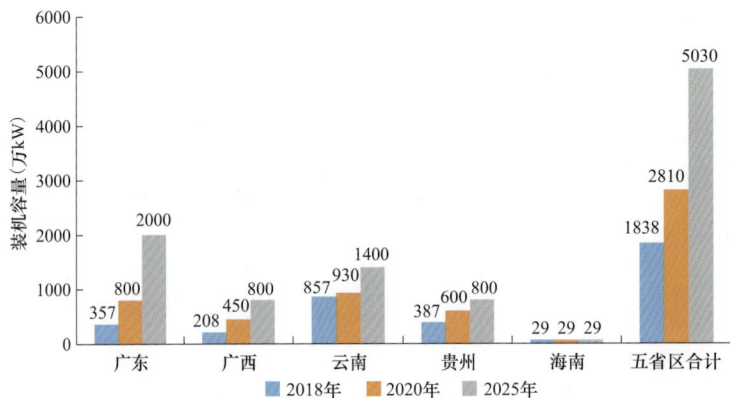

图 3-8　南方五省区 2020 年和 2025 年风电装机容量预测

3.8　发展建议

统筹规划海上风电项目，科学有序推进海上风电开发。深入研究大规模海上风电的消纳、调峰等问题，提出配套电网建设措施和调峰电源需求，科学拟订项目建设时序。海上风电对设备制造及施工技术要求较高，建议充分考虑设计、施工、质监、消纳、运行等过程中可能出现的风险，合理有序推进海上风电建设。

优化海上风电场集群化发展，促进资源集约利用。当前单一海上风电项目规模不断增大，集群化发展趋势明显。建议以全社会资源配置最优为目标，统一规划、统筹建设海上风电送出通道及配套调峰电源，节约海洋资源、社会资源，助力海上风电高质量发展。

大力提高设备制造和施工技术水平，支撑大规模海上风电发展。加大联合攻关、项目示范等力度，推动漂浮式基础、大容量平台、大容量海缆、柔性直流输电、机组抗台风防盐雾以及预测、控制系统等相关技术发展，加强重型起重船只制造，提高海上施工能力，促进大规模海上风电集群化发展。

推进海上风电场智能信息化技术与装备应用。借助互联网、大数据、云计算等新兴信息技术手段，重点在海上风电智能信息获取、状态实时评价及信息数据挖掘应用等方面取得突破，开展基于大数据大型海上风电基地、风电场群优化协调控制和智能化运维、海上风电场实时监测及智能诊断技术装备等方面的研发与攻关，促进海上风电装备制造、工程建设与运维管理及产业发展的数字化和智能化。

第 4 章

光 伏 发 电

4.1 资源开发潜力

南方五省区中云南、海南太阳能资源条件相对较好，广东、广西一般，贵州相对较差，可支撑发电装机容量合计约 9200 万 kW。

广东太阳能资源为Ⅲ类，呈南高北低格局，光伏可开发装机容量约 3300 万 kW；广西太阳能资源为Ⅲ类，由南到北依次递减，光伏可开发装机容量约 2200 万 kW；云南太阳能资源较为丰富，大部分地区为Ⅱ类，东部为Ⅲ类，经济可开发利用光伏资源储量约 3000 万 kW，但考虑到用地限制，远期光伏可开发量约 2000 万 kW；贵州太阳能资源相对贫乏，资源等级为Ⅳ类，呈现西北部少、东南部多的格局，光伏可开发装机容量约 1000 万 kW；海南太阳能资源丰富，呈西南高东北低的格局，光伏可开发装机容量约 700 万 kW。南方五省区太阳能资源情况见表 4-1。

表 4-1　　　　　　　　　　南方五省区太阳能资源情况

省区	年太阳辐射总量 （MJ/m²）	可开发容量 （万 kW）	年平均日照小时数 （h）
广东	4200～5800	3300	2200
广西	3700～5600	2200	1650～1880
云南	5400～6700	2000	4440
贵州	3100～4600	1000	1220
海南	4800～6300	700	2166

4.2 开发建设

南方五省区光伏装机容量逐年增加，占全国比重稳步上升。2018 年底，南方五省区光伏发电装机容量 1291 万 kW，同比增长 52.8%，占全国光伏发电的 7.4%。南方五省区光伏装机情况见表 4-2。

广东、云南光伏规模在五省区中占比大，近年来发展较快。2018 年底，广东光伏装机容量 527 万 kW，同比增长 58.7%，占五省区总规模的 40.8%；云南光伏装机容量 326 万 kW，同比增长 37.0%，占五省区总规模的 25.3%。

表 4 - 2　　　　　　　南方五省区光伏装机情况　　　　　单位：万 kW

项 目 名 称	2010 年	2015 年	2016 年	2017 年	2018 年
1. 五省区光伏总装机容量	2	220	416	845	1291
（1）广东	0	62	117	332	527
（2）广西	0	12	16	96	124
（3）云南	2	117	208	238	326
（4）贵州	0	3	46	135	178
（5）海南	0	26	29	43	136
2. 占全国比重	7.7%	5.3%	5.4%	6.5%	7.4%
（1）广东	0.0%	1.5%	1.5%	2.5%	3.0%
（2）广西	0.0%	0.3%	0.2%	0.7%	0.7%
（3）云南	7.7%	2.8%	2.7%	1.8%	1.9%
（4）贵州	0.0%	0.1%	0.6%	1.0%	1.0%
（5）海南	0.0%	0.6%	0.4%	0.3%	0.8%

五省区"十三五"规划目标完成情况整体良好。2018 年底，广西、云南、海南三省光伏装机容量已超过本省区"十三五"规划目标，超额完成规划任务，广东、贵州完成率相对较低，但均已接近规划目标的 90%。南方五省区光伏规划目标及完成情况如图 4 - 1 所示。

集中式光伏稳步增长，分布式光伏发展提速。2018 年底，南方五省区集中式光伏装机容量 952 万 kW，同比增长 39.4%，占光伏总装机容量的 73.8%。分布式光伏装机容量 338 万 kW，同比增长 110.1%。

分布式光伏主要集中在广东。广东、广西分布式光伏起步较早，2018 年装机容量分别为 300 万 kW、22 万 kW，同比分别增长 104.1%、62.1%，广东分布式光伏装机容量占南方五省区的 88.8%。云南 2018 年分布式光伏规模 16 万 kW，贵州、海南目前尚未布局分布式光伏。南方五省区分布式光伏和集中式光伏装机发展情况如图 4-2 所示。

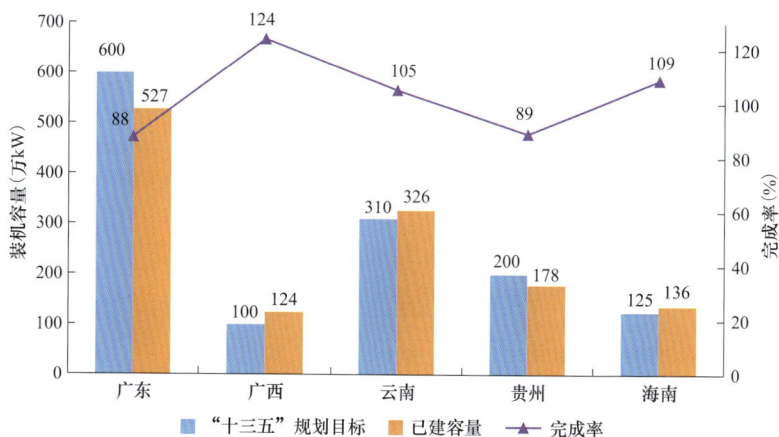

图 4-1 南方五省区光伏规划目标及完成情况

图 4-2 南方五省区分布式光伏和集中式光伏装机发展情况

光伏装机容量在南方五省区各省区电源总装机容量中的占比逐年提高，除海南外其他省区均与全国平均水平存在差距。2018 年，广东光伏装机容量占总装机容量的 4.4%，同比增加 1.4 个百分点；广西光伏装机容量占比 2.7%，同比增加 0.5 个百分点；云南光伏装机容量占比 3.5%，同比增加 0.8 个百分点；贵州光伏装机容量占比 2.9%，同比增加 0.6 个百分点；海南光伏装机容量占比 14.8%，同比增加 9.3 个百分点。五省区中除海南高于全国平均水平（9.2%）外，其他各省区占比均不足全国平均水平的一半。南方五省区光伏装机容量占比与全国平均水平对比情况如图 4-3 所示。

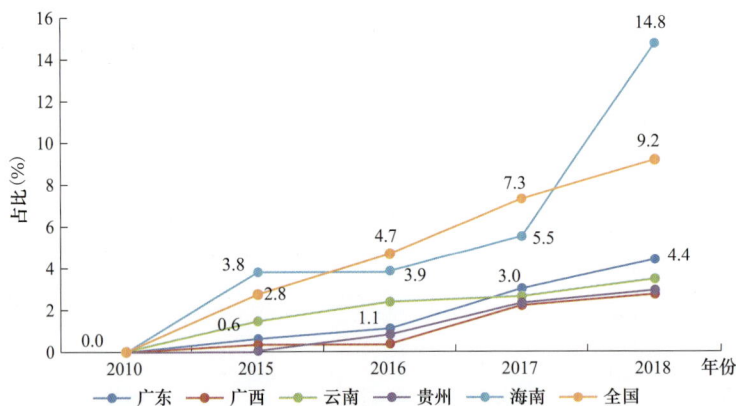

图 4-3　南方五省区光伏装机容量占比与全国平均水平对比情况

广东在建及近期规划投产的光伏发电装机容量居南方各省区之首。2018 年底，南方五省区光伏发电在建及规划总装机容量 775 万 kW（集中式 612 万 kW，分布式 163 万 kW）。广东在建及规划总装机 341 万 kW，占五省区总量的 44.0%，其中集中式光伏规模对应占比 38.4%，分布式光伏规模对应占比 64.9%。南方五省区光伏发电在建及短期内规划投产容量情况如图 4-4 所示。

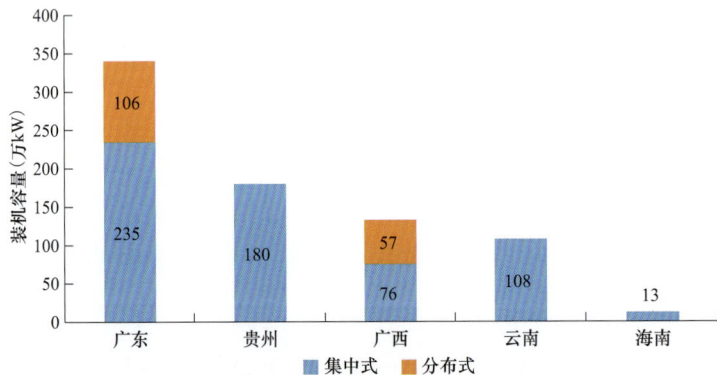

图 4-4　南方五省区光伏发电在建及短期内规划投产容量情况

4.3　运行消纳

五省区光伏发电量小，近年来增长较快。2018 年，南方五省区光伏发电量

54

94 亿 kW·h，同比增长 53.8%，占全国光伏发电量的 5.3%，与 2017 年基本持平。南方五省区光伏发电量情况见表 4-3。

广东、云南光伏发电量在五省区中的占比较高，贵州、广西、海南光伏发电量占比逐步提升。2018 年，广东光伏发电量 30 亿 kW·h，同比增长 50.3%；云南光伏发电量 33 亿 kW·h，同比增长 19.2%；两省光伏发电量在南方五省区中的占比分别为 32%、35%。广西、海南光伏发电量小，均不足 10 亿 kW·h，在五省区中的占比均在 10% 以内。

表 4-3   南方五省区光伏发电量情况   单位：亿 kW·h

项 目 名 称	2010 年	2015 年	2016 年	2017 年	2018 年
1. 五省区光伏总发电量	**0.12**	**13**	**36**	**61**	**94**
（1）广东	0	4	8	20	30
（2）广西	0	0	1	4	9
（3）云南	0.12	6	23	28	33
（4）贵州	0	0	1	6	16
（5）海南	0	3	3	3	6
2. 占全国比重	**9.5%**	**3.5%**	**5.5%**	**5.2%**	**5.3%**
（1）广东	0.0%	0.9%	1.2%	1.7%	1.7%
（2）广西	0.0%	0.1%	0.2%	0.3%	0.5%
（3）云南	9.5%	1.7%	3.5%	2.4%	1.9%
（4）贵州	0.0%	0.1%	0.2%	0.5%	0.9%
（5）海南	0.0%	0.7%	0.4%	0.3%	0.3%

光伏发电量在南方五省区各省区总发电量中的占比稳步提高，但仍落后于全国平均水平。2018 年，南方五省区光伏发电量占总发电量的比重仅 0.8%，同比提高 0.2 个百分点。广东、广西、云南、贵州等光伏发电量占比均未超过 1%，海南光伏发电量为五省区最高，达到 1.8%，均与全国平均水平存在较大差距，且差距呈扩大趋势。南方五省区光伏发电量占比与全国平均水平对比情况如图 4-5 所示。

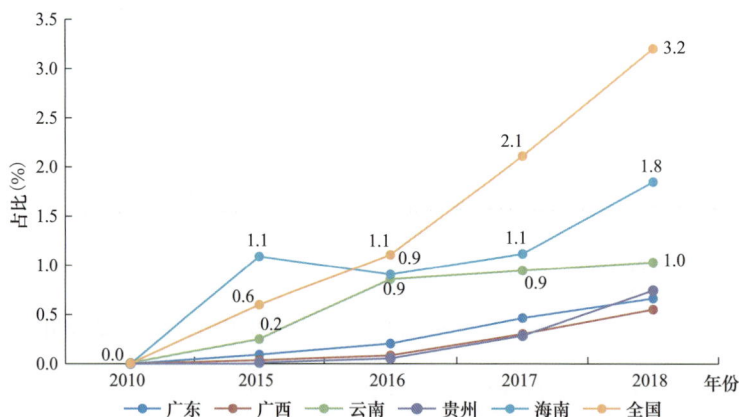

图 4-5　南方五省区光伏发电量占比与全国平均水平对比情况

光伏发电量以集中式为主。2018 年，南方五省区集中式光伏发电量 82.8 亿 kW·h，同比增长 51.2%，占光伏总发电量的 87.7%。分布式光伏发电量 11.6 亿 kW·h，同比增长 75.9%，占比 12.3%，同比增加 1.5 个百分点。

从各省区集中式、分布式光伏发电量占比来看，广东集中式光伏发电量 20 亿 kW·h，占五省区集中式光伏总发电量的 24.2%；分布式光伏发电量 10.3 亿 kW·h，占五省区分布式光伏总发电量的 88.6%。广西、云南分布式光伏发电量较小，均不足 1 亿 kW·h。贵州、海南无分布式光伏。2018 年南方五省区集中式、分布式光伏发电量及占比情况如图 4-6 所示。

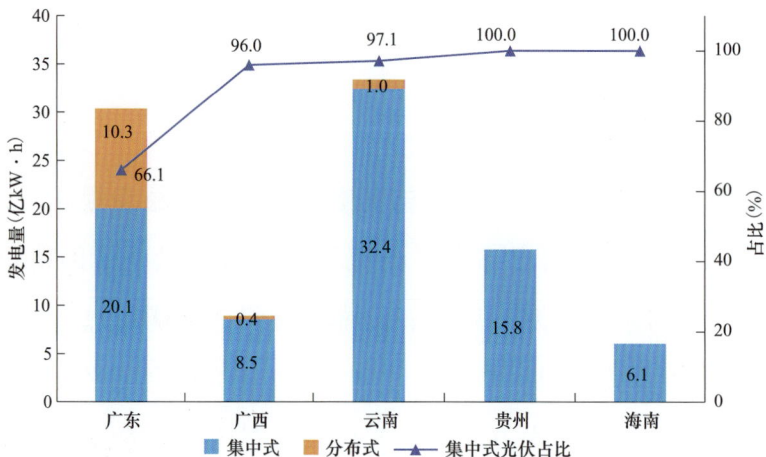

图 4-6　2018 年南方五省区集中式、分布式光伏发电量及占比情况

南方五省区整体光伏发电利用小时数低于全国平均水平，仅云南略高于全国平均水平。2018 年，南方五省区光伏发电利用小时数 990h，较 2017 年下降 58h，低于全国 1212h 的平均水平。其中，云南光伏发电利用小时数 1221h，在五省区中最高，同比减少 152h，略高于全国平均水平。南方五省区光伏发电利用小时数与全国平均水平对比情况如图 4-7 所示。

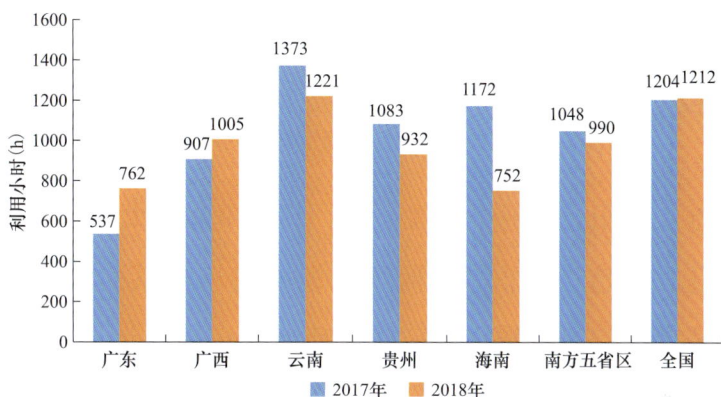

图 4-7　2017—2018 年南方五省区光伏发电利用小时数与全国平均水平对比情况

南方五省区光伏发电基本实现全额消纳，光伏利用率超过 99%。2018 年，南方五省区理论弃光电量 0.26 亿 kW·h，同比下降 15.4%，理论弃光率 0.3%，弃光主要集中在云南（丽江、楚雄、大理等地）、贵州（毕节等地）。其中，云南理论弃光电量 0.15 亿 kW·h，主要是局部地区送出通道受限造成；贵州理论弃光电量 0.11 亿 kW·h，主要是局部地区光伏发电和水电装机增长较快，叠加云南过境水电，造成结构性限电。2017—2018 年南方五省区理论弃光情况见表 4-4。

表 4-4　　　　2017—2018 年南方五省区理论弃光情况　　　单位：亿 kW·h

省区	2017 年		2018 年	
	弃光量	弃光率	弃光量	弃光率
广东	0.001	0.01%	0	0
广西	0	0	0	0
云南	0.20	0.74%	0.15	0.45%

续表

省区	2017 年		2018 年	
	弃光量	弃光率	弃光量	弃光率
贵州	0.11	1.55％	0.11	0.71％
海南	0	0	0	0
合计	0.31	0.55％	0.26	0.31％

4.4　技术发展

硅系列电池在太阳能电池中发展最早，其中单晶硅太阳能电池技术上最成熟，呈现多样化发展趋势。非晶硅薄膜电池相对于硅系列太阳能电池成本较低，技术逐步成熟，应用前景广阔。其他新型太阳能电池（如钙钛矿电池等）转换效率不断提升，技术发展较快。

单晶硅太阳能电池转换效率不断提高。德国弗劳恩霍夫太阳能系统研究所单晶硅太阳能电池技术世界领先，电池转化效率最大值可达 23.3％。京瓷（Kyocera）公司制备的大面积单晶硅太阳能电池转换效率为 19.4％，国内北京太阳能研究所研制的平面高效单晶硅电池转换效率达到 19.8％。产业化单晶硅太阳能电池转换效率最高，在大规模应用和工业生产中仍占据主导地位。

多晶硅薄膜太阳能电池成本低，转换效率和市场占有率不断提升。多晶硅薄膜电池稳定性高，制备过程中使用的硅材料远少于单晶硅电池，成本远低于单晶硅电池，而效率高于非晶硅薄膜电池，在太阳能电池市场上的份额不断提高。2018 年产业化多晶硅电池效率已经达到 19％以上，2019 年 5 月阿特斯阳光电力集团研发的 P5 多晶太阳电池转换效率达到 22.3％。

非晶硅薄膜太阳能电池因转换效率较高、成本较低、重量轻等特点发展迅猛。铜铟镓硒（ClGS）薄膜电池平均转换效率已超过 21％，预计到 2020 年，实验室效率有望达到 23.5%，组件量产转换效率超过 18%。由法国 Soitec 公司、CEA－Leti 与德国弗劳恩霍夫太阳能系统研究所共同开发的多结砷化镓（GaAs）薄膜太阳能电池转换效率可达 46%❶。

钙钛矿电池转换效率不断提升，技术发展较快。钙钛矿太阳能电池转换效率从 2008 年的 3.8% 提高到 2018 年的 24.2%，转换效率快速提升。2018 年，中国科学院半导体研究所研制的钙钛矿太阳能电池转换效率已达到 23.7%，处于世界较高水平。

4.5 发电成本和电价

4.5.1 工程造价

光伏发电系统单位造价呈下降趋势。光伏发电系统建设成本主要包括光伏组件、逆变器等电气设备成本和土地成本、电网接入费等非电气设备成本，电气设备成本下降较快，在总投资中占比逐渐降低，而非电气设备成本下降较慢。据统计，2018 年光伏电站全年平均造价约 5500 元/kW❷，相比 2017 年降低 15%。

4.5.2 度电成本

光伏发电度电成本持续下降。2018 年，光伏电站平均度电成本 0.377 元/（kW·h）❸，比 2017 年下降 0.143 元/（kW·h），同比下降 27.5%。2016－2018 年光伏发电平均度电成本变化情况如图 4－8 所示。

---

❶ 数据来源：国网能源研究院有限公司，2018 中国新能源发电分析报告。
❷ 数据来源：水电水利规划设计总院，中国可再生能源发展报告 2018。
❸ 数据来源：国网能源研究院有限公司，2019 中国新能源发电分析报告。

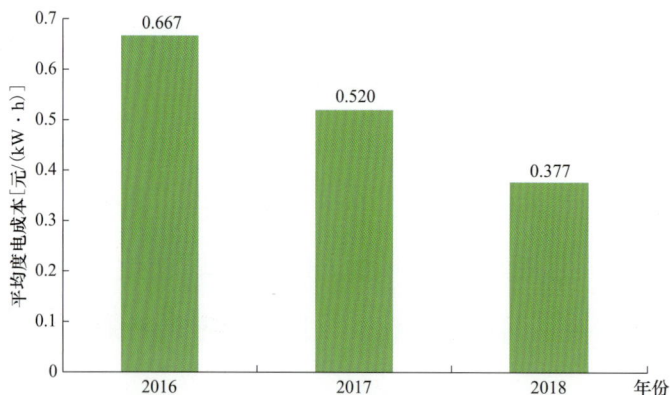

图 4 - 8　2016—2018 年光伏发电平均度电成本变化情况

4.5.3　上网电价

南方五省区光伏平均上网电价均高于全国平均上网电价。 2017 年，云南光伏平均上网电价 1.109 元/（kW•h），比 2014 年下降 0.934 元/（kW•h）❶；广东、海南的光伏平均上网电价均在 1 元/（kW•h）左右；贵州上网电价相对较低，但仍高出全国平均水平 0.013 元/（kW•h）。南方五省区光伏平均上网电价见表 4 - 5。

表 4 - 5　　　　　　南方五省区光伏平均上网电价　　　　单位：元/（kW•h）

省区	2014 年	2015 年	2016 年	2017 年
广东	—	0.602	1.000	0.994
云南	2.043	1.082	0.999	1.109
贵州	—	—	1.011	0.953
海南	—	1.023	1.060	1.010
全国平均	0.911	0.947	0.938	0.940

4.6　发展政策

引导光伏扶贫、分布式光伏发电项目发展，优化光伏发电结构。 2016 年 2

---

❶　数据来源：国家能源局，2014—2017 年度全国电力价格情况监管通报。广西数据暂无。

月，云南省能源局印发《关于推进太阳能光伏开发利用的指导意见》（云能源水电〔2016〕15 号），提出云南不再发展纯地面光伏电站，重点支持高原特色光伏农（林、牧、渔）业和光伏扶贫项目建设，推动太阳能光伏多元化利用，实现绿色农业与现代工业的和谐发展，发挥太阳能光伏利用对精准扶贫的带动作用。

2017 年 10 月，国家发改委、能源局印发《关于开展分布式发电市场化交易试点的通知》（发改能源〔2017〕1901 号），对分布式发电参与市场交易的项目规模、商业模式、交易组织、"过网费"标准等方面提出相关要求和政策措施，组织有意愿、有条件地区开展分布式发电市场化交易试点，推进分布式能源的快速发展。

光伏发电补贴退坡加快，平价上网稳步推进。2018 年 5 月，国家发展改革委、财政部、国家能源局印发《关于 2018 年光伏发电有关事项的通知》（发改能源〔2018〕823 号），要求合理把握发展节奏，优化光伏发电新增建设规模，规范和支持分布式光伏和光伏扶贫发展，加快光伏发电补贴退坡，降低补贴强度，发挥市场配置资源决定性作用，进一步加大市场化配置项目力度。

2019 年 1 月，国家发展改革委、能源局印发《关于积极推进风电、光伏发电无补贴平价上网有关工作的通知》（发改能源〔2019〕19 号），开展光伏发电平价上网项目和低价上网试点项目建设，推进建设不需要国家补贴执行燃煤标杆上网电价的光伏发电平价上网试点项目，并在资源条件和市场消纳条件好的地区引导建设一批上网电价低于燃煤标杆上网电价的低价上网试点项目。

2019 年 4 月，国家发展改革委印发《关于完善光伏发电上网电价机制有关问题的通知》（发改价格规〔2019〕761 号），完善集中式光伏发电上网电价形成机制，将集中式光伏电站标杆上网电价改为指导价，新增集中式光伏电站上网电价原则上通过市场竞争方式确定，不得超过所在资源区指导价，同时适当降低新增分布式光伏发电补贴标准。

2019年5月，国家能源局印发《**关于2019年风电、光伏发电项目建设有关事项的通知**》（**国发新能源〔2019〕49号**），提出了2019年光伏发电项目建设工作方案，明确了自2019年起需要国家补贴的光伏发电项目分类，并实施分类管理，户用光伏实行单独管理，普通光伏发电国家补贴项目全面实行市场竞争配置。

2019年5月，国家发展改革委、能源局印发的《**关于公布2019年第一批风电、光伏发电平价上网项目的通知**》（**发改办能源〔2019〕594号**）文件中，南方五省区共有43个拟建光伏项目纳入第一批光伏平价上网名单，主要集中在广东和广西，装机容量合计431万kW，详细信息如附录6所示。

4.7 发展展望

4.7.1 我国光伏发电发展展望

光伏发电是国家能源转型的重要支撑，未来发展规模还将大幅增长。2018年底，我国光伏发电装机容量1.74亿kW，其中集中式光伏装机容量12 384万kW、分布式光伏装机容量5061万kW、光热发电装机容量22万kW，常规光伏发电装机容量提前完成2020年规划目标，光热发电装机容量完成2020年规划目标的4.4%。预计到2020年底，光伏发电装机容量达到2.1亿kW左右，光热发电装机容量达到100万kW，光热发电装机容量完成2020年规划目标的20%。

光伏发电规模化发展和技术快速进步，开发成本不断下降，有望提前实现平价上网目标。未来两年，随着光伏发电补贴退坡加快、平价上网和低价上网试点项目稳步推进，光伏发电技术和管理水平持续提升，光伏平均造价预计将降至4000元/kW左右，光伏电池平均转换效率也将得到进一步提升，逐步具备实现光伏发电平价上网的条件。

4.7.2 南方五省区光伏发电发展展望

南方五省区光伏发电装机容量稳步增长，装机占比稳中有进。预计 2020 年南方五省区光伏发电装机容量约 1440 万 kW，占五省区电源总装机容量比重的 3.9%，与 2018 年基本持平；占可再生能源装机容量比重的 8.1%，略低于 2018 年水平。展望 2025 年，预计南方五省区光伏发电装机容量将达到 2350 万 kW，占可再生能源装机容量比重的 10.5%，比 2020 年提高 2.4 个百分点。南方五省区 2020 年和 2025 年光伏装机容量预测如图 4-9 所示。

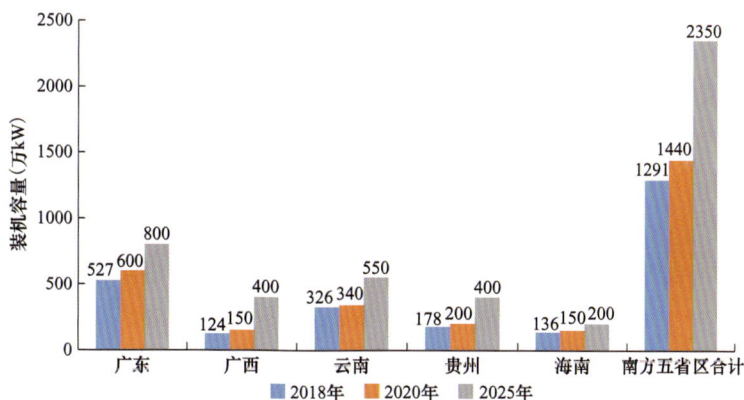

图 4-9 南方五省区 2020 年和 2025 年光伏装机容量预测

4.8 发展建议

鼓励和引导分布式光伏发电发展，推进分布式光伏发电在产业园区的应用。分布式光伏发电可就近消纳，提高能源使用效率。珠三角地区和广西、贵州、云南、海南中心城市屋顶资源丰富，各类产业园区众多，分布式光伏发电开发潜力大。

积极推进光伏扶贫项目。重点在云南、贵州、广西等光照资源条件较好的地区推进光伏扶贫项目，实现资源优势转变为经济优势，解决当地居民生产生活用电问题的同时实现增收。

加强配套电网工程建设，保障光伏发电送出和消纳。分析现有光伏发电受阻弃光原因，解决光伏送出卡脖子问题。做好电网规划与光伏布点的衔接，落实配套送出工程和消纳方案，保障新建光伏发电送出和消纳。

第 5 章

其他可再生能源

5.1 资源开发潜力

5.1.1 生物质能开发潜力

南方五省区的生物质资源较为丰富，可利用的生物质资源折合标准煤量超过 5000 万 t。其中，农作物秸秆量超过 8000 万 t，折合标准煤量约 4000 万 t，广东、广西每年可利用的废弃农作物秸秆折合标准煤量分别为 1400 万 t、2000 万 t；每年产生的城市生活垃圾超过 4000 万 t，折合标准煤量约 1000 万 t，广东省每年产生的生活垃圾量居全国之首，约 2800 万 t，广西约 600 万 t，贵州约 500 万 t，云南和海南 200 万 t 左右。

5.1.2 地热能开发潜力

南方五省区的地热资源丰富且分布广泛，类型多样，尤其以云南、广东两省的地热能资源最为丰富，在全国地热资源排名前列。其中，云南高温和中低温地热资源发电潜力超过 2.5 亿 t 标准煤。

5.1.3 海洋能开发潜力

南方五省区具有丰富的海洋能资源，主要有潮汐能、沿海波浪能、沿海海流能、温差能等。其中，五省区沿海的潮汐能资源可开发总装机容量超过 100 万 kW；波浪能资源总量约 230 万 kW，约占全国的 18%；南海沿岸海流能资源较少，可开发装机容量仅 60 万 kW 左右，占比全国总量不足 5%；南海温差能技术可开发装机容量超过 3000 万 kW。

5.2 开发建设

目前南方五省区生物质能开发建设较为成熟，地热资源的开发仅在高温地热发电领域有所突破，海洋能还未开发建设。

5.2.1　生物质能开发建设

目前技术较为成熟、实现了规模化开发利用的生物质能利用方式主要包括生物质发电、生物液体燃料、沼气和生物质成型燃料等。

生物质发电装机规模快速增长，占全国比重不断上升。 2018 年底，南方五省区生物质发电装机容量 251 万 kW，同比增长 34.3%，占全国生物质发电装机容量比重由 2010 年的 6.1% 提高到 14.1%。南方五省区生物质装机情况见表 5 - 1。

表 5 - 1　　　　　　　　　南方五省区生物质装机情况　　　　　　　单位：万 kW

项　目　名　称	2010 年	2015 年	2016 年	2017 年	2018 年
1. 五省区生物质总装机容量	**33**	**117**	**133**	**177**	**251**
（1）广东	21	80	91	122	165
（2）广西	3	14	20	25	44
（3）云南	9	12	12	12	13
（4）贵州	0	3	3	10	21
（5）海南	1	8	8	8	8
2. 占全国比重	**6.1%**	**10.5%**	**10.9%**	**12.0%**	**14.1%**
（1）广东	3.8%	7.2%	7.4%	8.3%	9.3%
（2）广西	0.5%	1.3%	1.6%	1.7%	2.5%
（3）云南	1.5%	1.0%	0.9%	0.8%	0.7%
（4）贵州	0.0%	0.3%	0.2%	0.7%	1.2%
（5）海南	0.2%	0.7%	0.7%	0.6%	0.5%

生物质发电主要集中在广东、广西两省区。 2018 年底，广东生物质发电装机容量 165 万 kW，占五省区总规模的 65.8%；广西生物质发电装机容量 44 万 kW，占比为 17.5%；广东、广西生物质总装机占比合计 83.3%。南方五省区生物质发电装机容量占比情况如图 5 - 1 所示。

图 5-1 南方五省区生物质发电装机容量占比情况

生物质发电装机容量在各省区电源中的占比较低，广东、广西略高于全国平均水平。 2018 年，广东、广西生物质发电装机容量占总装机容量的比重分别为 1.4%、1.0%，分别高出全国平均水平 0.5 个、0.1 个百分点；其余 3 个省生物质发电装机容量占比均在 1% 以下。南方五省区生物质发电装机容量占比与全国平均水平对比情况如图 5-2 所示。

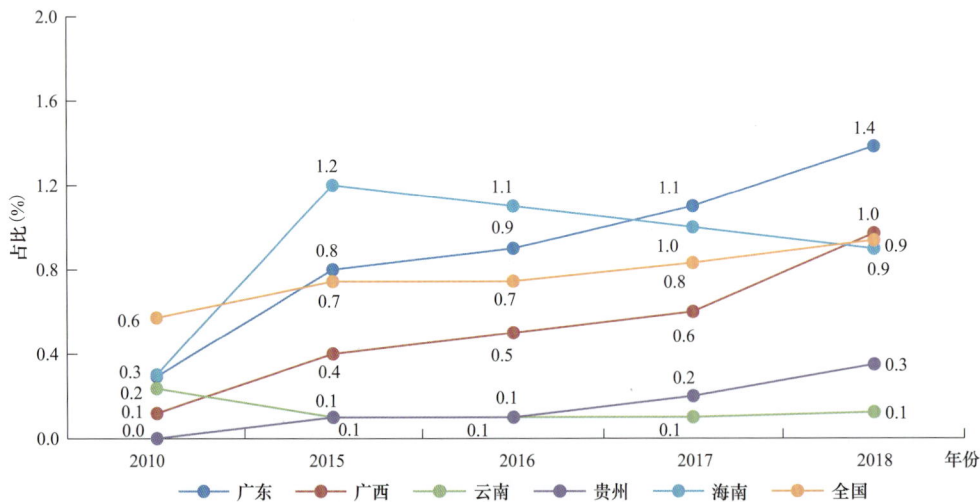

图 5-2 南方五省区生物质发电装机容量占比与全国平均水平对比情况

生物质成型燃料利用规模不断扩大。 自 2010 年以来，广东省有 3000 余台燃煤锅炉改烧生物质成型燃料，目前省内生物质成型燃料从业单位约有 500 家。贵州惠水 6 万 t 生物质成型燃料项目于 2017 年开工，项目建成后将成为贵州省目前生物质成型燃料、生物质烤烟炉、燃料机、生物质燃料生产所需成套设备产能最大的生产企业。云南省玉溪市年产 10 万 t 生物质固体颗粒成型燃料项目于 2018 年 9 月竣工投产。广西壮族自治区桂平市 2019 年开工建设年产 10 万 t 生物质固体成型燃料项目。

垃圾焚烧发电项目成为投资热点。 2018 年，南方五省区生物质发电新增并网装机中垃圾焚烧发电约占 70%，继续领跑生物质发电行业。在并网项目发电利用小时数方面，生活垃圾焚烧发电也显著高于农林生物质发电和生物沼气发电。市场对垃圾焚烧发电项目的投资预期和热情更高，主要得益于垃圾焚烧发电行业稳定的燃料来源以及成熟的收入模式。

生物液体燃料应用全国领先。 广东、广西地区木薯等能源作物的种植面积排在全国前列，非粮生物液体燃料的发展也处于全国领先地位。广西北海已有以加工为主的生物燃料企业十多家，广西将发展成为全国最大的非粮生物质能源基地。广东国投生物能源有限公司木薯燃料乙醇项目一期工程（年产 15 万 t）2018 年在广东湛江投产。云南省拟在会泽县推进年产 4 万 t 生物质燃料乙醇项目，积极争取成为国家燃料乙醇试点省。

5.2.2　地热资源开发建设

2017 年 2 月，国家发改委、国家能源局及国土资源部联合发布《地热能开发利用"十三五"规划》，这是国家出台的首部地热产业规划。近年来，地热发电领域一直保持增长态势，但增速较为平缓。2018 年 1 月，云南省德宏傣族景颇族自治州瑞丽市的"地美特 10MW 地热发电项目"一期工程全部四台发电设备发电试验成功，有助于推动我国地热发电产业快速发展。

5.3　运行消纳

生物质发电量持续稳定增长，广东占比较高。 2018 年，南方五省区生物质发电量 125.9 亿 kW·h，同比增长 29.7%，占南方五省区总发电量的 1.1%，略低于全国平均水平 1.3%。其中，广东生物质发电量 86.5 亿 kW·h，占五省区生物质总发电量的 68.7%。2017—2018 年南方五省区生物质发电量情况如图 5 - 3 所示。

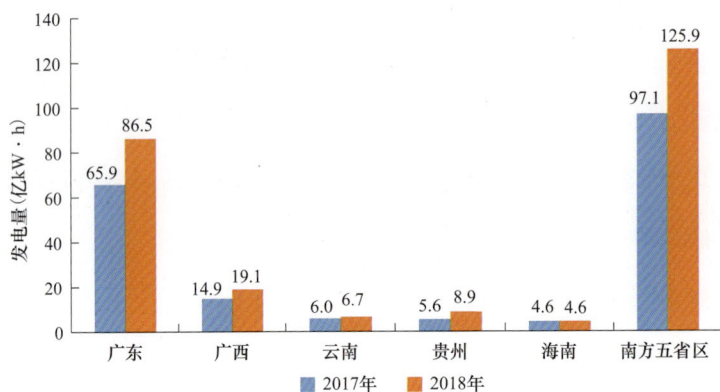

图 5 - 3　2017—2018 年南方五省区生物质发电量情况

生物质发电平均利用小时数整体高于全国平均水平。2018 年，南方五省区生物质发电利用小时数 5880h，比 2017 年增加 117h，高于全国平均水平 436h。其中，广东生物质发电利用小时数最高，2018 年达 6386h，比 2017 年增加 355h。南方五省区生物质发电利用小时数与全国平均水平对比情况如图 5 - 4 所示。

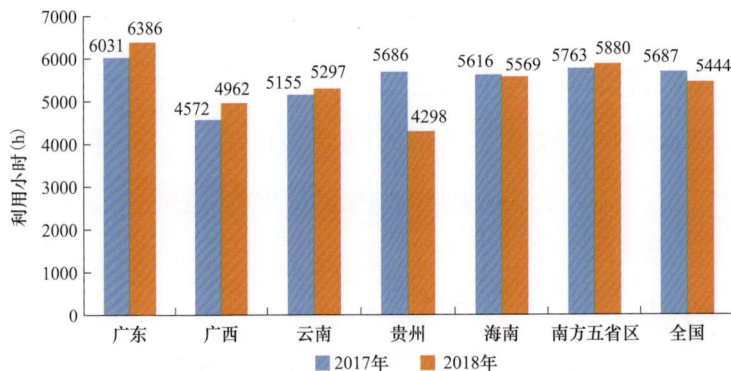

图 5 - 4　2017—2018 年南方五省区生物质发电利用小时数与全国平均水平对比情况

5.4　技术发展

生物质发电技术不断提升。近年来中国生物质直燃发电技术不断进步，主机参数不断提高，高温超高压一次再热发电机组作为一种新兴的技术路线，可有效提高机组发电效率，发电效率超过 34％。广西多个地区开建的生物质电厂均为高温超高压一次中间再热的 40MW 机组，国内装机容量最大的 50MW 级高温、亚临界、一次再热、高转速的成型燃料应用生物质热电联产示范项目正在开展前期工作。

生物质气化发电与供热技术获得突破。中国科学院广州能源研究所依托国家科技支撑计划课题，在广东佛山市建设 2MW 生物质气化发电与热电联供系统示范工程，采用生物质混流式气化工艺技术，系统发电效率 25.5％，余热回收热效率 26.8％，同时具备为 1000 户居民提供生活燃气的能力。该项目已于 2015 年通过验收，标志着广东省在气化发电技术上获得重大进展。

生物质成型燃料标准及技术取得进展。近年来，我国生物质成型燃料行业标准相继出台，初步形成相关标准体系。《生物质成型燃料质量分级》（NB/T 34024—2015）和《生物质成型燃料锅炉》（NB/T 47062—2017）等标准规范的出台有利于相关产业的健康、可持续发展。

5.5　发展政策

加快生物质能开发利用，大力推进生物质发电建设。2016 年 10 月，国家发改委、国家能源局印发《生物质能发展"十三五"规划》，提出了"十三五"生物质能发展目标，到 2020 年，生物质能基本实现商业化和规模化利用。

2017 年 7 月，国家能源局印发《关于可再生能源发展"十三五"规划实施的指导意见》（**国能发新能〔2017〕31 号**），要求加强和规范生物质发电管理，并明确了各省区"十三五"生物质布局规模。

2019 年 4 月，广西发布了《广西农林生物质发电建设规划修编（2016—2020)》和《广西城镇生活垃圾焚烧发电项目建设规划修编（2016—2020)》，明确了广西生物质发电的指导方针、目标、重点任务、项目布局等，大力支持区内生物质能发电建设。

在生物质非电利用方面，2017 年 12 月，国家发改委、国家能源局印发《关于促进生物质能供热发展的指导意见》（发改能源〔2017〕2123 号），鼓励发展生物质热电联产和生物质锅炉工业供热，到 2020 年生物质热电联产装机容量超过 1200 万 kW，生物质发电产业有待依托热电联产改造来提升系统效率，提高生物质发电的技术经济性，以达到绿色可持续发展。

2018 年 12 月，国家能源局下发了《关于请编制生物天然气发展中长期规划的通知》，要求各省统筹所在区域生物天然气发展条件，编制生物天然气中长期发展规划，面向 2030 年提出生物天然气发展目标、主要任务、重大布局及措施等，这是国家首次将生物天然气纳入能源发展战略及天然气产供储销体系，未来生物天然气的支持政策和无歧视消纳问题将会在制度层面得到保障，生物天然气也将成为生物质能未来发展新的增长点。

5.6 发展展望

加快生物质能开发利用是改善环境质量、发展循环经济的重要任务。2018年底，我国生物质发电项目并网装机容量 1781 万 kW，占全国发电装机容量比重的 0.9%，发电量 906 亿 kW·h，占全国发电量比重 1.3%，均已经完成了《生物质能发展"十三五"规划》提出的 2020 年规划目标值。

南方五省区生物质发电装机容量仍将稳步增长，新增装机容量仍主要集中在广东和广西两省区。预计 2020 年南方五省区生物质发电装机容量 450 万 kW，占五省区电源总装机容量比重的 1.2%，比 2018 年提高 0.4 个百分点；占五省区可再生能源装机容量比重的 2.5%，比 2018 年提高 0.9 个百分点。展望 2025 年，预计南方五省区生物质发电装机容量将达到约 680 万 kW，占可再生能源装机容量比重的 3.0%，比 2020 年提高 0.5 个百分点。南方五省区 2020 年和 2025 年生物质发电装机容量预测如图 5-5 所示。

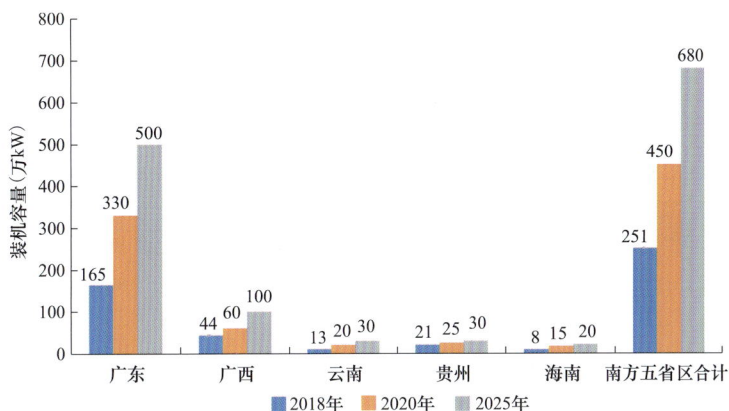

图 5-5　南方五省区 2020 年和 2025 年生物质发电装机容量预测

南方五省区地热能和海洋能资源丰富，目前受制于关键技术尚未突破、产业链尚未形成等因素，短期内这两种资源还不能得到规模化应用。

第 6 章

可再生能源发电热点问题分析

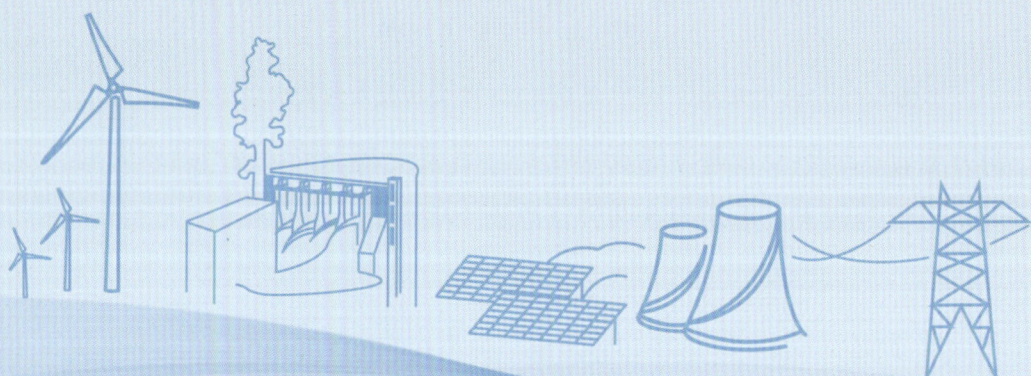

6.1　南方五省区清洁能源消纳情况分析

6.1.1　云南弃水原因分析

2018 年，南方五省区水能利用率 96％，云南水能利用率 94％，考虑到部分弃水是受机组特性、外部环境、人为因素等影响造成，一定比例弃水是合理的，南方区域在"十二五"中后期至"十三五"初期面临的水电消纳难题已经得到有效缓解。"十二五"中后期以来引发云南大规模弃水问题的原因可归结为内外两方面的因素，内部因素主要是供需失衡、自身调节能力差和水电消纳空间受到挤压；外部因素主要是跨省传输存在困难。

云南电力供需严重失衡，电力冗余问题仍需逐步化解。2014－2018 年期间，云南发电总装机容量增长近 2300 万 kW，其中水电增长约 1300 万 kW，水电发电量增长超过 600 亿 kW•h，增幅近 30％，但全社会用电量仅增加 150 亿 kW•h，增幅不到 10％，2014－2016 年期间全社会用电量还呈现了负增长趋势。电力供应增长过快、需求增长乏力是近年来云南弃水的主要原因。云南省近五年发电量、水电发电量和用电量变化情况如图 6-1 所示。

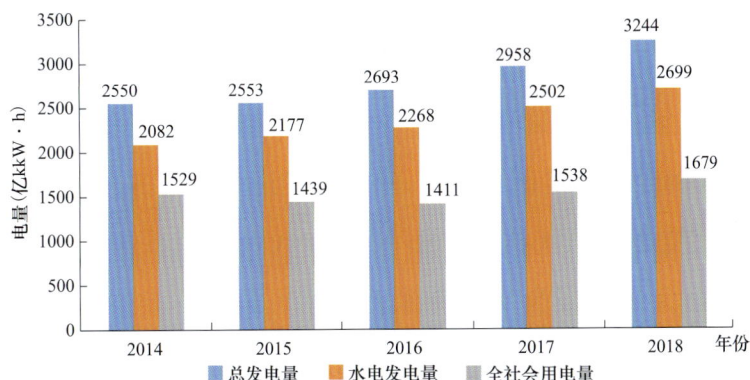

图 6-1　云南省近五年发电量、水电发电量和用电量变化情况

75

云南汛期来水偏多，中小型水电站调节能力差。云南汛期的各大流域来水偏多，导致丰水期外送通道满功率运行时，仍有大量电力盈余。云南水电装机中约有 2200 万 kW 中小型径流式水电站仅具备周调节能力或无调节能力，在用电低谷时不能满发，造成了弃水问题的客观存在。

非水可再生发电装机容量增长迅猛，在一定程度上挤占了水电的消纳空间。云南是南方五省区中最大的新能源生产基地，2014—2018 年风电、光伏等新能源新增装机容量约 870 万 kW，新增发电量近 190 亿 kW·h，年均增长率均接近 40%，为保障风电、光伏等新能源的基本全额消纳，云南水电的消纳空间被压减。

水电跨省传输限制因素多，影响在更大范围内消纳水电。水电跨省传输消纳涉及多方利益主体，由于"十三五"初期多省均存在供需发展不平衡问题，新增市场消纳空间有限，水电与其他电源之间的矛盾加剧，送受端各利益主体诉求存在较大差异，均给水电消纳造成了困难。

6.1.2　南方电网公司近年来促进清洁能源消纳的主要举措

为大力促进南方五省区清洁能源消纳，积极构建清洁低碳、安全高效能源体系，南方电网按照国家发改委、能源局《关于促进西南水电消纳的通知》《解决弃水弃风弃光问题实施方案》等文件要求，提前谋划，统筹部署，在 2018 年初研究制定了促进清洁能源消纳的 24 项重点举措，之后又发布了《南方电网公司 2018 年清洁能源调度工作方案》及《南方电网清洁能源调度操作规则（试行）》，从调度操作层面制定了 41 条消纳清洁能源的具体措施，推动清洁能源调度工作规范化、系统化。2018 年南方区域实现了超协议增送云南水电 265 亿 kW·h，最大限度减少了云南水电弃水，风电、光伏发电基本实现全额消纳。

通过多年来的努力，南方电网公司在促进清洁能源消纳、推动能源绿色低碳发展的工作中，积累了一套行之有效地经验：

一是提升电网平台资源配置能力。 "十三五"以来，南方区域先后投产了金中直流、永富直流、鲁西背靠背、滇西北直流等西电东送重点工程，提升云电外送能力 1170 万 kW，超省间协议送电规模 470 万 kW，为促进云南富余水电消纳奠定坚实基础。开展两广交流柳贺甲乙线温升改造工程，提升了两广交流断面输电能力 100 万 kW。建成了清远、深圳、海南琼中等抽水蓄能电站，切实提高了系统调节能力。

二是发挥电力市场资源配置平台作用。 严格落实《云电送粤"十三五"框架协议》《云电送桂中长期框架协议》等政府间框架协议。深入推进跨区跨省电力市场建设，制定《南方区域跨区跨省电力中长期交易规则》，组织开展送受双边协商交易、月度富余电能增量挂牌交易、月度发电合同转让交易及云贵水火置换交易，通过市场化方式促进云南富余水电消纳。2018 年 8 月，南方（以广东起步）电力现货市场试运行启动，迈出了我国电力市场化改革最为关键的一步。

三是坚定不移推进清洁能源调度。 制定了重点区域、重点流域汛前拉水腾库实施方案，全力消落主力水库水位。优化梯级水电调度、优化开机组合及检修安排，充分挖掘各类电源调峰能力和通道送电潜力，调剂余缺。2018 年，云南送出的 8 回直流实现全部满功率运行，云南外送电力峰值达到最大能力，全年云南送出通道综合利用小时数约 4500h，其中特高压直流通道综合利用小时数达到 4900h 左右。

四是多渠道拓展清洁能源消纳市场。 大力实施增供扩销，制定并实施了 2018 年增供扩销和电能替代工作方案。2018 年，南方电网完成电能替代电量 224 亿 kW·h，超出计划电量 24 亿 kW·h。

6.1.3　南方区域近期清洁能源消纳形势与消纳目标

（1）清洁能源消纳形势

随着水电铝等高耗能产业相继落地，云南用电增速在近两年有所恢复，但受政策和市场走势等因素的制约，产业后续发展具有一定的不确定性。另外，云南近期还将投产澜沧江上游部分梯级电站及乌东德水电站，水电发电量将进一步增长。总体来看，近期云南汛期仍将存在一定量的理论弃水，但总体消纳形势得到好转。广西近年来在水电铝、钢铁等行业的带动下，用电增长快，增速在全国处于领先，且近年来投产水电较少，水电消纳形势相对乐观。

南方五省区风电、光伏规模相对较小，海上风电目前处于起步发展阶段，随着各省区电网配套工程建设不断加快，短期内风光消纳形势总体较为乐观。

（2）清洁能源消纳目标

2020年，南方五省区非化石能源电量占比高于50%，统调水能利用率达到95%以上，并实现风光等新能源的基本全额消纳。

6.1.4 南方区域近期促进清洁能源消纳的重点举措

继续稳步推进电网建设。一是高质量推进乌东德电站送电广东广西特高压多端直流（昆柳龙直流）示范工程、云贵互联通道工程等新增西电东送通道建设，进一步提升云电外送能力。二是加强云南、贵州等局部新能源富集地区电网规划建设，有效解决新能源送出受限问题。

进一步完善交易机制。一是完善电力中长期交易机制和规则，丰富交易模式，扩大交易规模，实现清洁能源的最大化消纳和省域电力的互济互补。二是统筹推进电力现货市场建设，充分发挥现货市场推动清洁能源消纳的重要功能，逐步推动各省区开展集中式现货市场交易。三是推动完善电力辅助服务市场建设，开展调峰、调频辅助服务市场试点试运行，不断完善辅助服务市场机制。

加强清洁能源消纳中长期协议保障。一是推动云南、广西两省区政府签订云电送桂补充协议，保障云电送桂中长期协议的持续有效执行。二是统筹"十四五"及中长期电力发展规划研究，提前谋划"十四五"西电东送框架协议。

6.2　广东大规模海上风电并网影响

6.2.1　广东省海上风电开发规划

2018 年 4 月，广东省发改委印发了《广东省海上风电发展规划（2017－2030 年）（修编）》（粤发改能新〔2018〕193 号），明确了广东海上风电的发展目标。提出到 2020 年底，开工建设海上风电装机容量 1200 万 kW 以上，其中建成投产 200 万 kW 以上；到 2030 年底，建成投产海上风电装机容量约 3000 万 kW。

6.2.2　广东省海上风电的出力特性分析

（1）概率特性

广东省海上风电场低出力概率较大，高出力概率较小；风电场出力低于 30％额定容量的概率大于 52％，而高于 70％额定容量的概率仅有 13％。广东海上风电出力概率密度变化趋势如图 6-2 所示。

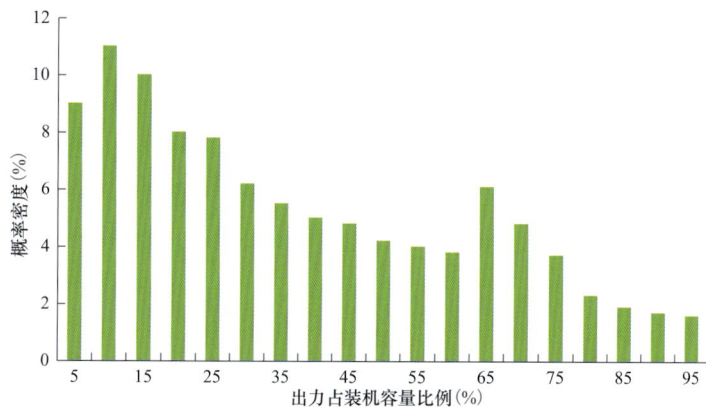

图 6-2　广东海上风电出力概率密度变化趋势

（2）季节特性

广东省的海上风电场在月最大出力方面，冬季出力水平较高，基本 70％以上；夏季比冬季略小，但基本在 50％以上。在月平均出力方面，冬季在 40％左

79

右，夏季为15％～25％。广东海上风电季节特性如图6-3所示。

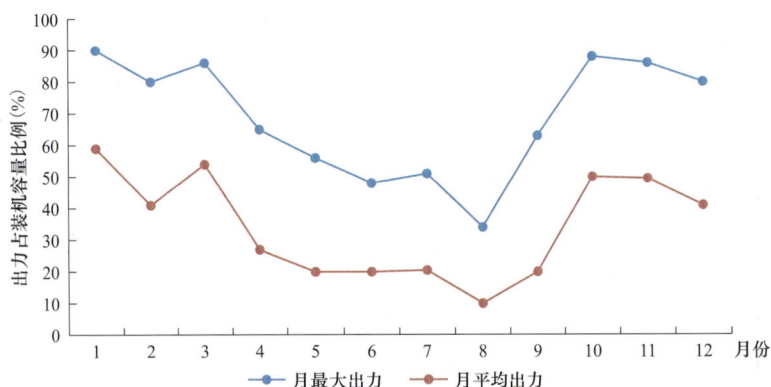

图6-3　广东海上风电季节特性

（3）日特性

广东省的海上风电在日最大出力方面，呈现冬季大、夏季小的特点，其中冬季基本在70％以上，比夏季出力普遍高出10％。

在日平均出力方面，整体呈现冬季大、夏季小，夜间出力水平高、白天出力水平低的特点。夏季日平均出力水平相对较低且波动不大，出力基本在22％左右；冬季日平均出力水平相对较高但波动也较大，基本在45％左右。

（4）反调峰特性

海上风电的反调峰特性较强，夏季反调峰系数约22％，冬季约31％。海上风电在冬季的反调峰特性更为明显，但系统负荷呈现冬季低、夏季高的情况，因此冬季的反调峰问题更为突出，增加了海上风电的消纳难度。广东海上风电反调峰特性见表6-1。

表6-1　　　　　　　　　广东海上风电反调峰特性　　　　　　单位：天

项　　目	夏季	冬季	全年
反调峰天数	109	101	210
平调峰天数	36	35	71
正调峰天数	39	45	84
反调峰深度	22％	31％	28％

6.2.3　海上风电大规模接入对电网的影响

（1）对电力系统安全稳定的影响

海上风电的强间歇性和随机性将改变电网潮流，增加电网安全运行的潜在风险。 大规模海上风电接入广东电网，将改变电网的潮流流向和分布，尤其是当粤东地区海上风电大规模发展以后，局部电网将承受较大的潮流波动压力，增加部分输电线路断面的运行控制难度。

暂态稳定方面，大规模海上风电脱网有可能引发系统功角、频率等暂态稳定问题。此外，由于海上风电机组机械转动惯量较常规同步发电机小，大规模海上风电并网后将导致系统总体有效惯量大幅度减小，承受功率冲击、频率波动的能力将大为减弱。

无功电压方面，海上风电长距离海缆输电充电功率较大，导致电网接入点电压普遍较高，机组大规模脱网也可能造成电压失稳。

（2）对电力系统调峰的影响

由于反调峰特性较强，大规模海上风电接入后，将显著加大系统调峰容量需求。 结合广东海上风电的调峰特性测算，2030年广东海上风电规模达到3000万kW·h，将额外增加系统900万～1000万kW的调峰压力，需要进一步增加调峰电源或提高其他电源的调峰深度。

（3）对用电成本的影响

接纳成本较高。经初步测算，为接纳广东3000万kW海上风电，总投资将在1000亿元左右，若计及配套的储能工程，总投资将超过1500亿元，折算单位接纳成本将超过0.25元/（kW·h），成本达当前上网电价的30%左右。若将海上风电输配部分纳入电网公司有效资产，计入电网公司输电成本并从销售电价中回收，初步估计广东省的销售电价将加价18～20元/（MW·h）。

增加备用电源成本。由于海上风电的容量替代率低，大量常规火电机组将为海上风电提供备用，挤占了传统电源电量空间，降低其利用小时数，导致部分发电资产低效运行。按海上风电规划规模初步测算，到 2035 年广东煤电利用小时数将下降至 3000h，从而推高了全社会用电成本。

6.3　储能及氢能技术发展与应用概况

6.3.1　储能技术

（1）发展现状

全球储能市场持续扩大，电化学储能增长迅速。2018 年全球新投运的储能项目主要分布在 39 个国家和地区。2018 年底，全球已投运的储能项目装机容量 1.81 亿 kW，其中抽水蓄能装机容量最大，为 1.71 亿 kW，同比增长 1%；电化学储能紧随其后，为 663 万 kW，同比增长 121%。在众多电化学储能技术中，锂离子电池的份额最大，为 571 万 kW。

中国储能市场高速增长，电化学储能大幅增加。2018 年底，中国已投运的储能项目装机容量 3130 万 kW，占全球储能市场的 17.3%，其中抽水蓄能装机容量 2999 万 kW，同比增长 5%；电化学储能装机容量 101 万 kW，同比增长 159%。

储能行业发展前景广阔，未来市场空间巨大。根据国家能源局相关规划及国际相关机构预测，到 2020 年底，中国储能装机容量可达 4380 万 kW 左右，其中电化学储能可达 180 万 kW。

（2）技术概况

现有的储能方式可分为电化学储能、物理储能和电磁储能。抽水蓄能是目前最成熟、成本效益最好的大规模储能技术，其突出优点是规模大、寿命长、运行费用低，效率在 75% 左右，适用于系统调峰、大型应急电源、可再生能源并网等大规模、大容量的应用场合，其缺点是选址困难、建设工期长，工程初投资较大，且伴有移民及生态破坏等问题，影响了其进一步大规模应用。

电化学储能具有安装便利、模块化结构组成灵活、可靠性高、寿命长、响应快、技术成熟、成本相对较低且持续下降等特点，具有广阔的应用前景，是目前储能领域的热点和未来重点发展方向。多种不同的储能技术特性比较见表 6-2。

表 6-2　　　　　　　各种储能技术的特性比较

储能类型		比能量 (W·h/kg)	比功率 (W/kg)	典型额定功率 (MW)	放电时间	特点
电化学储能	铅炭电池	40～60	200～350	<100；可百兆瓦以上	0.25～10h	技术较成熟，成本低；循环寿命短；存在环保问题
	钠硫电池	150～240	90～230	0.1～100	0.7～8h	比能量较高，成本高；运行安全问题有待改进
	全钒液流电池	40～130	50～140	<100	1.5～10h	电池循环次数长，适于组合；但储能密度低
	锂离子电池	75～250	150～315	<100	0.3～6h	比能量高，成本高，成组应用有待改进
物理储能	抽水蓄能	0.5～1.5	—	100～5000	4～10h	技术成熟，适于大规模，响应慢，受地理资源限制，水库建设破坏生态环境
物理储能	压缩空气储能	30～60	—	10～300	1～20h	适于大规模，响应慢，受地理资源限制，天然气燃烧排放污染物
	飞轮储能	5～130	400～1600	0.005～1.5	15s～15min	比功率较大，响应快，噪声大
电磁储能	超导线圈储能	0.5～5	500～2000	0.01～1	2s～5min	响应快，比功率高；成本高，维护困难
	超级电容储能	0.1～15	500～5000	0.01～1	1～30s	响应快，比功率高；储能低，成本高

(3) 技术应用

削峰填谷，促进新能源消纳。电化学储能系统具有快速响应的特点（毫秒级～秒级），通过实时调整电力储能系统的充、放电功率以及充、放电状态的迅速切换，使新能源随机变化的输出功率转换为相对稳定的输出，是改善新能源出力随机性、波动性及间歇性的重要手段。同时，电化学储能可在系统用电低谷时作为负荷存储电能，在系统用电高峰时作为电源释放电能，达到减小系统峰谷差的效果，能有效应对新能源并网消纳的问题。为探索储能系统在解决系统调峰调频、可再生能源消纳、事故备用、黑启动等方面的应用，南方电网公司于 2011 年建设了国内首座兆瓦级电化学储能站（深圳宝清电池储能站），目前已投运容量 18MW·h。2018 年 11 月，南方电网首个兆瓦级电网侧储能电站（深圳 110kV 潭头变电站储能装置）成功投运，可为深圳西部电网提供毫秒级响应，最大充放电时间可达 2h，提供 10MW·h 的储备电量。随后，南方电网范围内最大的用户侧储能电站（从化万力轮胎储能项目）也正式并网运行，电站最大功率 6MW，可提供 36MW·h 的储备电量，能有效降低电网负荷峰值。

调频辅助服务。电化学储能由于调频速度快、容量精确可控，是非常好的调频资源。据统计，电化学储能的调频效果是水电机组的 2 倍、燃气机组的 3 倍、燃煤机组的 20 倍左右。电化学储能与火力发电机组联合，利用电化学储能站的快速充放能力优化火力发电机组的 AGC 性能，可大幅提升机组的 K_p 值（调节性能的指标），为电网提供优质的调频服务，从而通过竞价的方式获得调频辅助服务补偿费用。广东电网在调频辅助服务领域走在全国的前列，目前在广东电网范围内已开展的储能辅助 AGC 调频项目（包括招标、在建和已投运）有 22 个（详细信息如附录 7 所示），占全国同类项目近一半。在储能调频电站的运营方面，广东电网的储能调频价格为15～20 元/MW，远超国内其他地区的交易价格，广东电网调频市场已初步实现市场化运作。此外，广东省具备 AGC 功能的火电机组 165 个，未来的储能调频市场广阔。

6.3.2　氢能技术

（1）发展现状

世界主要发达经济体都将发展氢能提升到国家战略层面，其中以日本、德国、美国等国家较为领先。中国、韩国、加拿大、巴西等国家也有部署。

美国是氢能利用的开拓者。美国在氢能和燃料电池技术拥有专利数仅次于日本。2014 年 5 月，美国发布了《全面能源战略》，将"发展低碳技术、为清洁能源奠基"作为放眼长远的战略支点。2018 年底，美国在营加氢站 42 座，计划 2020 年建成 75 座，2025 年达到 200 座。

日本氢能利用技术领跑亚洲。日本氢能和燃料电池技术拥有专利数全球第一。日本出台了《面向 2050 能源环境创新战略》，将氢能列入重点推进的五大科技创新领域。2018 年底，日本在营加氢站 113 座，计划 2020 年建成 160 座，2025 年建成 320 座。

欧洲各国制定氢能利用路线图，德国处于领跑地位。2018 年底，欧洲在营加氢站 152 座，计划 2025 年建成 770 座，2030 年达到 1500 座。2006 年德国国家氢和氢燃料电池技术创新计划（NIP）开始实施，2018 年底，德国运营着世界第二大加氢网络，商业化的加氢站 60 座，仅次于日本。

中国氢能产业发展迅速，但与先进水平存在一定差距。中国作为最大的潜在氢能和燃料电池消费市场之一，在氢能源开发利用上取得了一定进展，据统计，仅 2017 年氢燃料电池投资项目达 1000 亿元以上。截至 2019 年 6 月，氢能源在国内能源消费中占比 2.7%，产业产值 3000 亿元，加氢站 23 座，燃料电池车 0.2 万辆。

广东省在华南率先布局氢能及燃料电池产业。2019 年 2 月，广东省发改委发布《广东省发展改革委关于进一步明确我省优先发展产业的通知》（粤发改产业函〔2019〕397 号），氢能和燃料电池被正式纳入广东省优先发展产业行列。广东长江汽车整车生产及氢动力研发中心项目投资协议正式签订，该项目将于 2019 年建成投产，年产新能源汽车 6 万辆，建成投产后总产值将达 200 亿元。佛山与云浮两市已经投放 28 辆氢燃料电池公交车，运营超 40 万 km。在氢动力方面，广东省已经完成多级别燃料电池系统动力模块（45、70、120kW），燃料电池公交车（8.6、6.9m）和燃料电池物流车（7.5、4.5t）的自主开发。据不完全统计，广东各家车企已经规划近 7 万辆氢燃料电池整车产能，为氢燃料电池的推广应用打下坚实基础。

（2）技术概况

制氢技术。制氢主要有化石燃料制氢、水电解制氢、生物质制氢、太阳能光解制氢等方式。据统计，氢气的制取原料结构为天然气占 48%，液态碳氢化合物占 30%，煤炭占 18%，水电解占 4%。目前我国工业用的氢气绝大多数是通过化石燃料制氢的方式获得的，其中以煤制氢、天然气制氢、甲醇制氢为主。

未来制氢中期趋势将以煤制氢＋CCS（碳捕获与封存技术）为主，远期趋势以电解水制氢为主。我国近、中、远期制氢趋势如图 6 - 4 所示。

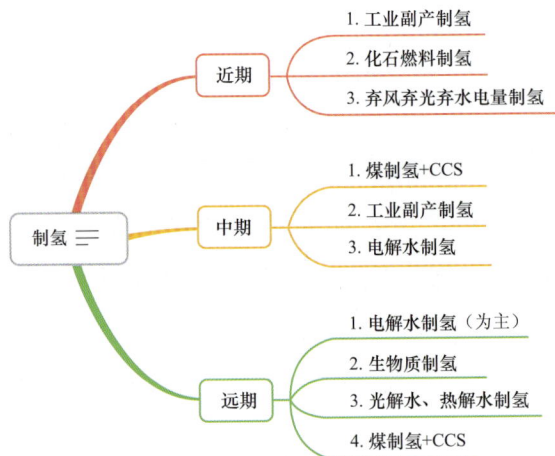

图 6 - 4　我国近、中、远期制氢趋势

储氢技术。储氢技术主要有加压气态储氢、液化储存、金属氢化物储存、非金属氢化物储存、碳材料储氢等。氢的密度小，沸点低，易泄漏，故在运输和使用过程中需采用特殊处理措施，基于运输时所处的状态不同，运输氢可以分为气氢输送、液氢输送和固氢输送，气氢输送和液氢输送是目前正在大规模使用的两种方式。

氢燃料电池技术。氢燃料电池是氢的理想转换装置，是氢大规模利用的关键技术，具有环保、灵活方便、噪声低、可靠性高等优点。由于不经过热机过程，它的能量转化效率高，可达 $40\%\sim60\%$，几乎不排放任何氮硫氧化物，CO_2 也可以在制氢过程集中处理。因此，氢燃料电池被誉为21世纪最有价值的洁净、高效发电技术之一。

（3）技术应用

加氢站。2018年底，全球共有328座加氢站，欧洲拥有139座，亚洲拥有118座，北美拥有68座。我国已建成加氢站23座，其中南方五省区仅广东有加氢站7座，主要集中在佛山、中山、云浮等地市。

氢气—天然气混合燃烧。天然气作为汽车燃料，容易产生 NO_x 气体，将氢气掺混到天然气中可有效降低燃烧温度，从而减少 NO_x 的排放。美国国家可再生能源实验室研究结果显示，天然气中加入 $15\%\sim20\%$ 的氢气，NO_x 的排放将降低 50%，同时对 CO_2 的减排也有效果。

氢能为海上风电消纳提供新思路。远海海上风电目前主要采用高压交流送出方式，随着风电场离岸距离的增加，为避免海缆过载，需要更大截面积的海缆或增加回路，送出工程造价大为提高。采用风电就地电解海水制氢并输送到陆地，既有利于海上风电就近消纳，调节电力峰谷，同时也可解决海上风电配套电网建设难题，为海上风电发展提供了可行思路。2019年3月科技部公布的国家重点研发计划"可再生能源与氢能技术"2018年度项目公示清单中，"大规模风/光互补制氢示范系统"项目名列其中，表明我国已开始探索大规模可再生能源制氢的可行性。目前，我国首个大型风电制氢示范项目（河北沽源风电制定项目）已进入设备调试阶段，该项目包括 10MW 电解水制氢系统，配合 200MW 风电场制氢，项目建成后可形成每年制氢 1752 万 m^3 的生产能力，对于提高当地风电消纳能力、探索风电消纳的新途径具有重要意义。

附　　录

附录 1　南方五省区可再生能源电力消纳责任权重

南方五省区可再生能源电力消纳责任权重

省区	2018 年最低消纳责任权重	2018 年激励性消纳责任权重	2019 年最低消纳责任权重	2019 年激励性消纳责任权重	2020 年最低消纳责任权重	2020 年激励性消纳责任权重
广东	31.0%	34.2%	28.5%	31.4%	29.5%	32.5%
广西	51.0%	56.2%	45.5%	50.1%	50.0%	55.0%
云南	80.0%	88.0%	80.0%	88.0%	80.0%	88.0%
贵州	33.5%	36.9%	31.5%	34.7%	31.5%	34.7%
海南	11.0%	12.1%	11.0%	12.1%	11.5%	12.6%

附录 2　南方五省区非水可再生能源电力消纳责任权重

南方五省区非水可再生能源电力消纳责任权重

省区	2018 年最低消纳责任权重	2018 年激励性消纳责任权重	2019 年最低消纳责任权重	2019 年激励性消纳责任权重	2020 年最低消纳责任权重	2020 年激励性消纳责任权重
广东	3.5%	3.9%	3.5%	3.9%	4.0%	4.4%
广西	4.0%	4.4%	4.5%	5.0%	5.0%	5.5%
云南	11.5%	12.7%	11.5%	12.7%	11.5%	12.7%
贵州	4.5%	5.0%	5.0%	5.5%	5.0%	5.5%
海南	4.5%	5.0%	5.0%	5.5%	5.0%	5.5%

附录 3　南方五省区 2016—2018 年风电、光伏监测预警结果

南方五省区 2016—2018 年风电、光伏监测预警结果

省区	2016 年		2017 年		2018 年	
	风电	光伏	风电	光伏	风电	光伏
广东	绿色	橙色	绿色	绿色	绿色	绿色
广西	绿色	绿色	绿色	绿色	绿色	绿色
云南	绿色	橙色	绿色	橙色	绿色	橙色
贵州	绿色	绿色	绿色	绿色	绿色	绿色
海南	绿色	橙色	绿色	橙色	绿色	橙色

附录 4 2018 年广东省已核准海上风电项目

2018 年广东省已核准海上风电项目

序号	项目名称	装机容量（MW）	项目单位	建设地点
1	三峡阳江青洲六海上风电场项目	1000	三峡新能源	阳西县沙扒镇
2	三峡阳江青洲五海上风电场项目	1000	三峡新能源	阳西县沙扒镇
3	粤电阳江青洲二海上风电场项目	600	广东粤电公司	阳西县沙扒镇
4	三峡阳江青洲七海上风电场项目	1000	三峡新能源	阳西县沙扒镇
5	粤电阳江青洲一海上风电场项目	400	广东粤电公司	阳西县沙扒镇
6	中广核阳江帆石二海上风电场项目	1000	中广核新能源有限公司	阳江市南鹏岛
7	中广核阳江帆石一海上风电场项目	1000	中广核新能源有限公司	阳江市南鹏岛
8	华电阳江青洲三海上风电场项目	500	华电福新能源股份有限公司	阳西县沙扒镇
9	三峡广东阳江阳西沙扒五期300MW 海上风电场项目	300	三峡新能源有限公司	阳西县沙扒镇
10	明阳阳江青洲四海上风电场项目	500	阳江明阳海上风电开发有限公司	阳西县沙扒镇
11	三峡广东阳江阳西沙扒四期300MW 海上风电场项目	300	三峡新能源阳江发电有限公司	阳西县沙扒镇
12	三峡广东阳江阳西沙扒三期400MW 海上风电场项目	400	三峡新能源有限公司	阳西县沙扒镇
13	三峡新能源阳西沙扒二期400MW 海上风电场项目	400	三峡新能源有限公司	阳西县沙扒镇

序号	项目名称	装机容量（MW）	项目单位	建设地点
14	明阳揭阳惠来三海上风电场项目	500	揭阳明阳海上风电开发有限公司	揭阳市神泉镇
15	明阳揭阳前詹三海上风电场项目	500	揭阳明阳海上风电开发有限公司	揭阳市神泉镇
16	中广核揭阳惠来四海上风电项目	1000	中广核新能源有限公司	揭阳市惠来县
17	中广核揭阳惠来一海上风电项目	800	中广核新能源有限公司	揭阳市惠来县
18	中广核揭阳惠来五海上风电项目	1000	中广核新能源有限公司	揭阳市惠来县
19	国家电投揭阳惠来二海上风电场项目	500	国家电投集团广东电力有限公司	揭阳市惠来县
20	国家电投揭阳前詹一海上风电场项目	1200	国电电投集团广东电力有限公司	揭阳市惠来县
21	国家电投揭阳神泉二 350MW 海上风电场项目	350	国电电投集团广东电力有限公司	惠来县神泉县
22	三峡广东汕头市海门海上风电场一项目	700	三峡汕头朝阳新能源发电有限公司	汕头市海门镇
23	华能汕头海门风电场二＆三项目	550	华能广东汕头海上风电有限公司	汕头市海门镇
24	华能汕头海门勒门二海上风电场项目	402	华能广东汕头海上风电有限公司	汕头市勒门列岛附近
25	大唐南澳勒门一海上风电项目	399	大唐汕头新能源有限公司	汕头市勒门列岛附近
26	广东粤电湛江新寮海上风电项目	203.5	广东粤电曲界风力发电有限公司	湛江市新寮岛
27	广东粤电湛江外罗海上风电二期项目	203.5	广东粤电曲界风力发电有限公司	湛江市锦和镇
28	湛江徐闻海上风电场项目	600	国家电投集团徐闻风力发电有限公司	湛江市锦和镇
29	中广核汕尾甲子一海上风电场项目	500	中广核汕尾新能源有限公司	汕尾市湖东镇

续表

序号	项目名称	装机容量（MW）	项目单位	建设地点
30	汕尾后湖海上风电场项目	500	陆丰宝丽华风能开发有限公司	汕尾市湖东镇
31	中广核惠州港口一海上风电项目	400	中广核新能源有限公司	惠东县港口镇
	合计	18 708		

附录5　南方五省区 2019 年第一批风电平价上网项目信息

南方五省区 2019 年第一批风电平价上网项目信息

序号	省区	项目名称	装机容量（万 kW）	预计投产时间
1	广东	阳江阳东大合风电项目	5	2020 年 12 月
2	广东	连州市龙坪镇、星子镇 100MW 风力发电项目	10	2021 年 9 月
3	广东	中广核封开观音山风电场项目	5	2020 年 12 月
合计			20	

附录 6 南方五省区 2019 年第一批光伏平价上网项目信息

南方五省区 2019 年第一批光伏平价上网项目信息

序号	省区	项 目 名 称	装机容量（万 kW）	预计投产时间
1	广东	韶关武江 80MW 光伏项目（二期 40MW）	4	2019 年 12 月
2	广东	乐昌长来 60MW 光伏项目	6	2019 年 12 月
3	广东	始兴县兴泰 60MW 农光互补光伏发电综合利用项目	6	2019 年 12 月
4	广东	广州发展连平大湖二期 50MW 农业光伏项目	5	2019 年 12 月
5	广东	阳山县黎埠镇 50MW（一期）林光互补光伏发电项目	5	2020 年 6 月
6	广东	兴宁市阳星 200MW 农光互补光伏发电综合利用项目	20	2019 年 12 月
7	广东	兴宁市叶塘镇 100MW 农光互补光伏发电综合利用项目	10	2020 年 6 月
8	广东	广东能源饶平县渔光互补项目（一期）	15	2020 年 6 月
9	广东	陆丰市富炜城 100MW 渔光一体化光伏发电项目	10	2020 年 8 月
10	广东	广东粤电海丰光伏发电项目	3.5	2020 年 6 月
11	广东	广东台山海宴镇 200MW 渔业光伏发电项目	20	2020 年 12 月
12	广东	台山渔业光伏产业园三期项目	30	2019 年 12 月
13	广东	通威渔光一体（台山）现代渔业产业园二期 50MW 光伏发电项目	5	2020 年 6 月
14	广东	晶科电力台山北陡 30MW 渔光互补综合利用示范项目	3	2020 年 2 月
15	广东	晶科电力台山北陡二期 30MW 渔光互补综合利用示范项目	3	2020 年 2 月
16	广东	鹤山市双合镇 50MWp 农业光伏发电项目	5	2020 年 2 月
17	广东	阳春市巨阳新能源 150MW 农光互补光伏发电综合利用项目	12	2019 年 12 月
18	广东	广东粤电织篢农场（三期）光伏复合项目	20	2019 年 12 月
19	广东	阳东区大八镇 50MW 农光互补光伏发电项目	5	2020 年 6 月

序号	省区	项 目 名 称	装机容量 （万 kW）	预计投产时间
20	广东	廉江市营仔 70MW 渔光互补光伏发电站综合项目（二期）	7	2019 年 6 月
21	广东	麻章区太平镇 50MW 渔光互补发电项目	5	2020 年 2 月
22	广东	遂溪县城月镇田头村 50MW 渔光互补光伏发电场项目	5	2020 年 2 月
23	广东	遂溪县官田水库 50MW 光伏发电项目	5	2020 年 12 月
24	广东	广东粤电火炬农场农业光伏综合开发项目	3	2019 年 12 月
25	广东	徐闻合溪水库 50MW 光伏发电项目	5	2020 年 5 月
26	广东	广东能源湖光农场光伏复合项目	10	2019 年 12 月
27	广东	湛江市麻章区岭头 100MW 渔光互补项目	10	2019 年 12 月
28	广西	广西宾阳晶创一期 60MW 渔光互补光伏发电项目	6	2020 年底前
29	广西	宾阳县渔光一体一期苏关塘 60MW 光伏发电项目	6	2020 年底前
30	广西	信义北海合浦 400MWp 渔（农）光互补光伏电站项目	30	2019—2020 年
31	广西	广西防城港市港口区光坡镇 80MWp（二期 20MWp）渔光互补光伏发电项目	2	2020 年底前
32	广西	东兴市江平渔光一体（三期）光伏电站项目	10	2019—2021 年
33	广西	广西东兴市江平镇 100MWp 光伏发电平价上网项目	10	2019—2021 年
34	广西	中广核广西防城港江平 200MW 光伏项目	15	2020—2022 年
35	广西	东兴市 150MW 渔光互补旅游综合示范项目	15	2019—2021 年
36	广西	钦州康熙岭渔光一体光伏电站 80MW 平价试点项目	8	2019—2020 年
37	广西	广西钦州 300MW 光伏平价上网示范项目	30	2020—2023 年
38	广西	钦州市钦南区民海 300MW 光伏发电平价上网项目	30	2019—2023 年
39	广西	广西钦州市恒丰 50MW 光伏电站项目	5	2020 年底前
40	广西	玉柴桂平农光互补光伏发电（一期）项目	2	2020 年底前
41	广西	金城江区侧岭乡 35MW 农光互补发电项目	2.2	2020 年底前
42	广西	广西来宾市象州县 150MWp（三期 70MWP）光伏发电项目	7	2020 年底前
43	广西	崇左市响水光伏发电项目	15	2019—2022 年
合计			430.7	

附录 7 广东电化学储能辅助 AGC 调频项目

广东电化学储能辅助 AGC 调频项目

序号	项目名称	建设区域	建设规模	技术路线	建设状态
1	华润海丰	汕尾海丰县	30MW/15MW·h	磷酸铁锂	正式运行
2	华润广州热电厂	广州市南沙区	9MW/4.5MW·h	磷酸铁锂	调试
3	华润硚口电厂	郴州苏仙区	18MW/9MW·h	磷酸铁锂	调试
4	华润鲤鱼江	郴州资兴市	12MW/6MW·h	磷酸铁锂	试运行
5	国电肇庆热电厂	肇庆高新区	10MW/5MW·h	磷酸铁锂	待建
6	粤电云浮电厂	云浮云城区	9MW/4.5MW·h	磷酸铁锂	正式运行
7	佛山德胜热电厂	佛山顺德区	9MW/4.5MW·h	磷酸铁锂	试运行
8	珠海横琴气电厂	珠海横琴区	20MW/20MW·h	磷酸铁锂	待建
9	粤电汕尾电厂	汕尾红海湾区	18MW/9MW·h	磷酸铁锂	在建
10	深能合和电力	河源源城区	18MW/9MW·h	磷酸铁锂	调试
11	中电荔新电厂	广州增城区	9MW/4.5MW·h	磷酸铁锂	待建
12	佛山恒益电厂	佛山三水区	9MW/4.5MW·h	磷酸铁锂	在建
13	广州恒运电厂	广州黄埔区	9MW/9MW·h	磷酸铁锂	待建
14	粤电中粤能源	湛江赤坎区	20MW/10MW·h	磷酸铁锂	待建
15	茂名臻能热电	茂名茂南区	—	磷酸铁锂	在建
16	粤电粤江发电	韶关曲江区	9MW/4.5MW·h	磷酸铁锂	待建
17	南海发电一厂	佛山南海区	9MW/4.5MW·h	磷酸铁锂	招标
18	粤电惠来电厂	揭阳惠来县	18MW/9MW·h	磷酸铁锂	招标
19	珠江电厂	广州南沙区	20MW/10MW·h	磷酸铁锂	招标
20	惠州平海电厂	惠州惠东县	30MW/15MW·h	磷酸铁锂	招标
21	湛江电力公司	湛江赤坎区	—	磷酸铁锂	招标
22	粤电大埔电厂	梅州大埔县	—	磷酸铁锂	可研

参 考 文 献

［1］国网能源研究院有限公司．2019 中国新能源发电分析报告．北京：中国电力出版社，2019.

［2］水电水利规划设计总院．中国可再生能源发展报告 2018．北京：中国水利水电出版社，2019.

［3］国家可再生能源中心，国家发展和改革委员会能源研究所可再生能源发展中心．中国可再生能源产业发展报告 2018．北京：中国经济出版社，2018.

［4］中国电力企业联合会．中国电力行业年度发展报告 2019．北京：中国建材工业出版社，2019.

［5］刘振亚．全球能源互联网．北京：中国电力出版社，2015.